中华人民共和国行业推荐性标准

# 公路隧道照明设计细则

Guidelines for Design of Lighting of Highway Tunnels

JTG/T D70/2-01—2014

主编单位：招商局重庆交通科研设计院有限公司
批准部门：中华人民共和国交通运输部
实施日期：2014年08月01日

人民交通出版社股份有限公司

图书在版编目（CIP）数据

公路隧道照明设计细则：JTG/T D70/2-01—2014 / 招商局重庆交通科研设计院有限公司主编. — 北京：人民交通出版社股份有限公司，2014.7
ISBN 978-7-114-11541-7

Ⅰ.①公… Ⅱ.①招… Ⅲ.①公路隧道—照明设计—设计标准—中国 Ⅳ.①U459.2-65

中国版本图书馆CIP数据核字（2014）第155290号

| | |
|---|---|
| 标准类型： | 中华人民共和国行业推荐性标准 |
| 标准名称： | 公路隧道照明设计细则 |
| 标准编号： | JTG/T D70/2-01—2014 |
| 主编单位： | 招商局重庆交通科研设计院有限公司 |
| 责任编辑： | 丁　遥 |
| 出版发行： | 人民交通出版社股份有限公司 |
| 地　　址： | （100011）北京市朝阳区安定门外外馆斜街3号 |
| 网　　址： | http://www.ccpcl.com.cn |
| 销售电话： | （010）85285857 |
| 总 经 销： | 人民交通出版社股份有限公司发行部 |
| 经　　销： | 各地新华书店 |
| 印　　刷： | 北京市密东印刷有限公司 |
| 开　　本： | 880×1230　1/16 |
| 印　　张： | 3.5 |
| 字　　数： | 78千 |
| 版　　次： | 2014年7月　第1版 |
| 印　　次： | 2025年3月　第5次印刷 |
| 书　　号： | ISBN 978-7-114-11541-7 |
| 定　　价： | 35.00元 |

（有印刷、装订质量问题的图书，由本公司负责调换）

# 中华人民共和国交通运输部

# 公 告

第 34 号

## 交通运输部关于发布《公路隧道照明设计细则》和《公路隧道通风设计细则》的公告

现发布《公路隧道照明设计细则》(JTG/T D70/2-01—2014)和《公路隧道通风设计细则》(JTG/T D70/2-02—2014),作为公路工程行业推荐性标准,自 2014 年 8 月 1 日起施行。原《公路隧道通风照明设计规范》(JTJ 026.1—1999)同时废止。

《公路隧道照明设计细则》(JTG/T D70/2-01—2014)和《公路隧道通风设计细则》(JTG/T D70/2-02—2014)的管理权和解释权归交通运输部,日常解释和管理工作由主编单位招商局重庆交通科研设计院有限公司负责。

请各有关单位注意在实践中总结经验,及时将发现的问题和修改建议函告招商局重庆交通科研设计院有限公司(地址:重庆市南岸区学府大道 33 号,邮政编码:400067),以便修订时研用。

特此公告。

中华人民共和国交通运输部
2014 年 7 月 14 日

交通运输部办公厅　　　　　　　　　　　　　　　2014 年 7 月 16 日印发

# 前　言

根据交通部交公路发〔2007〕378 号《关于下达 2007 年度公路工程标准制修订项目计划的通知》，由招商局重庆交通科研设计院有限公司承担《公路隧道通风、照明设计细则》的编制工作。

《公路隧道通风照明设计规范》（JTJ 026.1—1999）自 2000 年 6 月 1 日发布实施以来，作为公路隧道照明设计首部专业规范，对规范设计行为、保障我国公路隧道运营安全和推进公路隧道照明科技进步均起到了重要作用。近十余年来，我国公路隧道规模不断扩大、种类逐渐增多，公路隧道建设与运营管理积累了较多经验，各种新型节能照明技术也不断发展和成熟。本细则是在总结近年来工程实践经验和科研成果的基础上进行编制的，综合考虑了我国公路隧道照明节能技术发展趋势和隧道照明建设现状，积极引进吸收了新理论、新技术、新材料和新设备，并借鉴了国外公路隧道照明的成功经验和先进技术，对《公路隧道交通工程设计规范》（JTG/T D71—2004）及《公路隧道通风照明设计规范》（JTJ 026.1—1999）中涉及公路隧道照明的相关要求进行了全面修订和扩充，经批准后以《公路隧道照明设计细则》（JTG/T D70/2-01—2014）颁布实施。

本细则由 11 章和 2 个附录构成，即 1 总则、2 术语和符号、3 一般规定、4 入口段照明、5 过渡段照明、6 中间段照明、7 出口段照明、8 应急照明与洞外引道照明、9 节能标准与措施、10 照明计算、11 照明控制设计原则、附录 A 路面简化亮度系数、附录 B 照明计算举例。

与《公路隧道通风照明设计规范》（JTJ 026.1—1999）相比较，本次编制在照明指标、调光模式、节能标准等方面有重大修改；调整了隧道照明设置条件、入口段照明设置方法、中间段亮度；对洞外亮度指标、隧道运营调光模式与指标进行了修订；增加了隧道照明分期实施、短隧道照明参数、节能光源指标的规定。

请各有关单位在执行过程中，将发现的问题与意见，函告本细则日常管理组，联系人：涂耘（地址：重庆市南岸区学府大道 33 号，邮编：400067；电话：023-62653440，传真：023-62653078；邮箱：tuyun@ cmhk. com），以便下次修订时研用。

主 编 单 位：招商局重庆交通科研设计院有限公司
参 编 单 位：重庆交通大学
　　　　　　浙江省交通规划设计研究院
　　　　　　长安大学
　　　　　　西南交通大学

主　　　　编：蒋树屏

主要参编人员：涂　耘　屈志豪　王晓雯　吴德兴

　　　　　　　谢永利　陈建忠　邓　欣　王明年

　　　　　　　李伟平　王亚琼　李　科　王少飞

　　　　　　　周　健　王小军

# 目　次

1 总则 ········································································································ 1
2 术语和符号 ···························································································· 4
　2.1 术语 ································································································ 4
　2.2 符号 ································································································ 5
3 一般规定 ································································································ 7
4 入口段照明 ·························································································· 14
　4.1 入口段亮度 ···················································································· 14
　4.2 洞外亮度 ························································································ 15
　4.3 入口段长度 ···················································································· 17
5 过渡段照明 ·························································································· 19
6 中间段照明 ·························································································· 22
　6.1 中间段亮度 ···················································································· 22
　6.2 中间段灯具布置 ············································································ 23
　6.3 紧急停车带和横通道照明 ···························································· 25
7 出口段照明 ·························································································· 26
8 应急照明与洞外引道照明 ·································································· 27
　8.1 应急照明 ························································································ 27
　8.2 洞外引道照明 ················································································ 27
9 节能标准与措施 ·················································································· 29
　9.1 一般规定 ························································································ 29
　9.2 节能标准 ························································································ 29
　9.3 节能措施 ························································································ 30
10 照明计算 ···························································································· 35
　10.1 一般规定 ······················································································ 35
　10.2 照度计算 ······················································································ 35
　10.3 亮度计算 ······················································································ 37
　10.4 均匀度计算 ·················································································· 38

| 11 照明控制设计原则 | 39 |
| --- | --- |
| 附录 A 路面简化亮度系数 | 40 |
| 附录 B 照明计算举例 | 43 |
| 本细则用词用语说明 | 46 |

# 1 总则

**1.0.1** 为贯彻国家技术经济政策，统一公路隧道照明设计标准，指导公路隧道照明设计符合科学合理、经济安全、利用高效的原则，为隧道运营提供照明技术依据，制定本细则。

**条文说明**

为保障隧道内驾驶员视觉需求，隧道内需要亮度。隧道内亮度要与实时车流量、实时洞外亮度的变化相适应，因此，隧道运营中照明调光极为重要。本细则为公路隧道照明设计及其运营提供技术依据，以达到隧道运营安全和节能降耗的目的。

**1.0.2** 本细则适用于高速公路、一、二、三、四级公路的新建和改建山岭隧道。

**条文说明**

本细则以各级公路山岭隧道为主要对象进行编制。其他隧道，如水下隧道、城市隧道，与山岭隧道在照明分段、计算等方面无根本区别，主要区别在于照明亮度指标不同。

**1.0.3** 公路隧道照明设计应纳入隧道总体设计。

**条文说明**

隧道照明直接影响隧道运营安全与运营节能。照明设施规模与隧道长度、平曲线、竖曲线和交通量相关；隧道洞外亮度与隧道洞口边仰坡高度、植被状况、洞门形式及装饰等相关；隧道洞外照明设置与洞外路段构造物相关。因此，隧道总体设计应考虑隧道照明设计。

**1.0.4** 公路隧道照明设计小时交通量应为混合车型设计高峰小时交通量。

**条文说明**

工可报告提供的预测交通量采用的车型是标准小客车（pcu），照明设计时需将标准小客车交通量换算成混合车型高峰小时交通量。

**1.0.5** 公路隧道照明设计应统筹规划，一次设计；照明设施可根据预测交通量变化分期实施。

**条文说明**

为保障运营安全、减少初期投资、降低运营能耗，隧道照明系统可根据预测交通量变化分期实施。

经调查，照明设施通常分两期实施：高速公路和具干线功能的一级公路隧道照明设计分期按 10 年为界划分；具集散功能的一级公路及二级、三级公路隧道按 7 年为界划分；四级公路一般根据实际情况确定。但鉴于各地交通量增长的不平衡性，为合理设置照明系统规模，也考虑根据预测交通量变化分多期实施。例如，分三期实施时，高速公路和具干线功能的一级公路隧道照明设计采用的设计小时交通量一期按 350veh/(h·ln)，二期、三期分别按 10 年、20 年预测交通量确定；具集散功能的一级公路及二级、三级公路隧道照明设计采用的设计小时交通量一期按 180veh/(h·ln)，二期、三期分别按 7 年、15 年预测交通量确定。

照明设计时，通常从照明光源选择、灯具的布置形式和功率变化等方面提出分期实施方案，经综合技术经济分析比较，从中选出满足隧道各分期不同照明要求的最佳方案。

**1.0.6** 公路隧道照明设计应分别针对正常交通工况和异常交通工况进行设计。

**条文说明**

异常交通工况包括交通事故、火灾等需紧急疏散救援及养护、检修、施工等需特殊照明的状况。

**1.0.7** 公路隧道照明应进行调光控制设计。

**条文说明**

可靠、先进的照明控制是确保隧道安全运营及节能的重要手段。通过照明调光控制，使亮度水平更加符合实际的车流量和洞外亮度情况，从而达到安全运营和节能降耗的目的。

**1.0.8** 公路隧道照明设计应积极而稳妥地采用新理论、新技术、新材料、新设备。

**条文说明**

近十年来，围绕公路隧道照明，国内外开展了大量的研究，提出了"通透率"、

"中间视觉"、"智能调光"等理论或方法，开发并应用了 LED、单端无极荧光灯等新型光源，推动了公路隧道照明科技进步。通过采用新理论、新技术、新材料、新设备，提高照明质量、节约能耗，使隧道照明更加科学合理。

**1.0.9** 公路隧道照明设计除应符合本细则的规定外，尚应符合国家和行业现行有关标准的规定。

# 2 术语和符号

## 2.1 术语

### 2.1.1 照度 illuminance
表面上一点的照度是入射在包含该点的面元上的光通量与该面元面积之比。

### 2.1.2 亮度 luminance
单位投影面积上的发光强度。

### 2.1.3 接近段 access zone
隧道入口外一个停车视距长度段。

### 2.1.4 入口段 threshold zone
进入隧道的第一照明段，是使驾驶员视觉适应由洞外高亮度环境向洞内低亮度环境过渡设置的照明段。

### 2.1.5 过渡段 transition zone
隧道入口段与中间段之间的照明段，是使驾驶员视觉适应由隧道入口段的高亮度向洞内低亮度过渡设置的照明段。

### 2.1.6 中间段 interior zone
沿行车方向连接入口段或过渡段的照明段，是为驾驶员行车提供最低亮度要求设置的照明段。

### 2.1.7 出口段 exit zone
隧道内靠近隧道行车出口的照明段，是使驾驶员视觉适应洞内低亮度向洞外高亮度过渡设置的照明段。

### 2.1.8 洞外亮度 adaptation luminance
距洞口一个停车视距处、离路面1.5m高，正对洞口方向20°视场范围内环境的平均亮度。

**2.1.9 应急照明** emergency lighting

因正常照明的电源失效而启用的照明,供人员疏散、保障安全的照明。

**2.1.10 路面平均照度** average road surface illuminance

在路面上预先设定的点上测得的或计算得到的各点照度的平均值。

**2.1.11 路面平均亮度** average road surface luminance

在路面上预先设定的点上测得的或计算得到的各点亮度的平均值。

**2.1.12 路面亮度总均匀度** overall uniformity of road surface luminance

路面上最小亮度与平均亮度的比值。

**2.1.13 路面中线亮度纵向均匀度** longitudinal uniformity of road surface luminance

路面中线上的最小亮度与最大亮度的比值。

**2.1.14 养护系数** maintenance factor

照明装置使用一定时期后,受光通量衰减、灯具受污染等影响,该装置提供路面的平均亮度与在相同条件下初装时在同一路面上所得到的平均亮度之比。

**2.1.15 利用系数** utilization factor

在相同的使用条件下,灯具发出的、投射到路面上的总光通量与灯具内所有光源发出的总光通量之比。

## 2.2 符号

$E_{av}$——路面平均照度;

$f$——闪烁频率;

$H$——灯具光源中心至路面的高度;

$I_{c\gamma}$——灯具在计算点的光强值;

$k$——入口段亮度折减系数;

$L$——隧道长度;

$L_{20}(S)$——洞外亮度;

$L_{av}$——路面平均亮度;

$L_{ex}$——出口段亮度;

$L_{in}$——中间段亮度;

$L_{min}$——路面最小亮度;

$L'_{min}$——路面中线最小亮度;

$L'_{max}$——路面中线最大亮度；

$L_{th}$——入口段亮度；

$L_{tr}$——过渡段亮度；

$N$——设计小时交通量；

$M$——养护系数；

$S$——灯具间距。

# 3 一般规定

**3.0.1** 公路隧道照明设计应满足路面平均亮度、路面亮度总均匀度、路面中线亮度纵向均匀度、闪烁和诱导性要求。

**条文说明**

机动车驾驶员行车时,视觉感受到的是路面亮度,因此以路面亮度作为照明指标较为科学合理。目前国际照明委员会(CIE)和世界上多数国家均以亮度指标为依据制定隧道照明标准。

照明系统闪烁频率与照明亮度、灯具布置和行车速度等因素有关,合理确定闪烁频率可避免视觉上的不舒适与心理干扰,以达到行车安全的目的。

诱导性是指照明设施的诱导性,即给机动车驾驶员提供有关道路前方走向、线形、坡度等视觉诱导。

**3.0.2** 各级公路隧道照明设置条件应符合下列要求:

1 长度 $L>200\text{m}$ 的高速公路隧道、一级公路隧道应设置照明。

2 长度 $100\text{m}<L\leq200\text{m}$ 的高速公路光学长隧道、一级公路光学长隧道应设置照明。

3 长度 $L>1\,000\text{m}$ 的二级公路隧道应设置照明;长度 $500\text{m}<L\leq1\,000\text{m}$ 的二级公路隧道宜设置照明;三级、四级公路隧道应根据实际情况确定。

4 有人行需求的隧道,应根据隧道长度和环境条件设置满足行人通行需求的照明设施。

5 不设置照明的隧道应设置视线诱导设施。

**条文说明**

我国部分省(市)的隧道管理单位、设计单位结合已建成隧道的运营现状,对高速公路隧道设置电光照明的长度进行了规定,见表3-1。

对于二级、三级、四级公路隧道,鉴于交通量较小、运行速度较低,从综合运营安全与节能考虑,提出设置电光照明的长度要求。

三级、四级公路隧道是否设置照明应结合公路功能及重要性、当地经济状况、隧道所在路段的电源情况等条件确定。

表3-1 部分省（市）高速公路隧道设置电光照明的隧道长度

| 省（市） | 设置电光照明的隧道长度（m） |
| --- | --- |
| 重庆 | >300 |
| 浙江 | >200 |
| 广东 | >200 |
| 辽宁 | >200 |
| 甘肃 | >350 |
| 陕西 | >300 |

注：表中所列长度均要求为直线隧道。

诱导设施的设置有利于隧道线形、轮廓的标识，能提高行车安全性。目前诱导设施通常采用自发光诱导设施或有源诱导设施。

**3.0.3** 公路隧道照明设计应充分收集和了解隧道土建工程及交通工程设计相关资料进行统筹设计，并应遵循下列原则：

1 应调查洞口朝向及洞外环境。
2 应初步判定或现场测定洞外亮度，必要时可制订洞外减光方案。
3 应根据交通量变化分别确定各分期设计年限入口段、过渡段、中间段和出口段的亮度指标。
4 应选择节能光源与高效灯具，结合隧道断面形式和灯具类型等因素确定灯具安装方式、位置。
5 应根据路面材料与灯具光强分布表，计算各段灯具布置间距、路面均匀度等。
6 洞口土建完工后，宜对洞外亮度进行现场实测验核。

**条文说明**

公路隧道照明设计参数选择、光源选择、灯具布置形式等与洞口朝向、洞外环境、路面材料、交通量等因素相关，需综合考虑、统筹设计。

洞外环境包括隧址区域地形、植被条件、洞外路段的平纵线形和气象状况等。

洞外亮度是隧道照明的重要基准之一。隧道朝向、20°视场范围内天空面积百分比、植被条件、洞门装饰对洞外亮度影响较大。在设计之初初步判定或现场测定洞外亮度。若20°视场范围内含有天空面积或对洞门作明亮装饰会使洞外亮度增大，加剧"黑洞效应"，导致照明能耗的增加，此时可采用洞外减光措施以降低洞外亮度。

**3.0.4** 公路隧道照明设计小时交通量应根据隧道所在路段项目可行性研究报告提出的设计年份平均日交通量（AADT）进行换算，并宜符合以下要求：

1 设计小时交通量系数宜采用项目可行性研究报告提供的数据；项目可行性研究报告没有明确提出该数据时，山岭重丘区隧道可取12%，平原微丘区隧道可取10%，城镇附近的隧道可取9%。

2 单向交通隧道方向分布系数宜采用项目可行性研究报告提供的数据；项目可行性研究报告没有明确提出该数据时，方向分布系数可取55%。

**条文说明**

通过广泛的工程调研，各高速公路项目可行性研究报告提出的设计小时交通量系数通常在9%~12%之间。为避免高峰小时交通量取值偏大导致照明系统浪费，根据工程调研和项目可行性研究报告的总结作出本条规定。

照明设计时，根据《公路工程技术标准》（JTG B01—2003）"各汽车代表车型与车辆折算系数"和各工程的具体交通组成，将标准小客车交通量换算成混合车型高峰小时交通量，换算的步骤为：

第一步，将项目可行性研究报告提出的各设计年份平均日交通量AADT（pcu/d）换算成标准小客车高峰小时交通量（pcu/h）；

第二步，根据项目可行性研究报告提出的交通组成百分比，分别计算出各车型对应的标准小客车高峰小时交通量；

第三步，按《公路工程技术标准》（JTG B01—2003）"各汽车代表车型与车辆折算系数"，将各车型的标准小客车高峰交通量换算成混合车型高峰小时交通量（veh/h）。

**3.0.5** 单向交通隧道照明可划分为入口段照明、过渡段照明、中间段照明、出口段照明、洞外引道照明以及洞口接近段减光设施。隧道照明区段构成如图3.0.5所示。

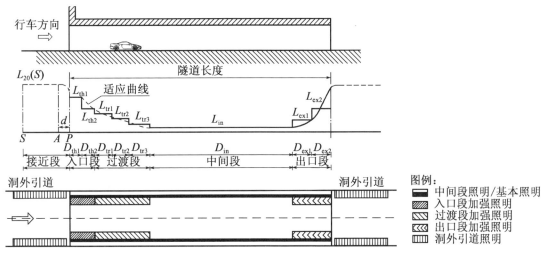

图3.0.5 单向交通隧道照明系统分段图

P-洞口；S-接近段起点；A-适应点；d-适应距离；$L_{20}(S)$-洞外亮度；$L_{th1}$、$L_{th2}$-入口段亮度；$L_{tr1}$、$L_{tr2}$、$L_{tr3}$-过渡段亮度；$L_{in}$-中间段亮度；$L_{ex1}$、$L_{ex2}$-出口段亮度；$D_{th1}$、$D_{th2}$-入口段$TH_1$、$TH_2$分段长度；$D_{tr1}$、$D_{tr2}$、$D_{tr3}$-过渡段$TR_1$、$TR_2$、$TR_3$分段长度；$D_{in}$-中间段长度；$D_{ex1}$、$D_{ex2}$-出口段$EX_1$、$EX_2$分段长度

**3.0.6** 双向交通隧道照明可划分为入口段照明、过渡段照明、中间段照明、洞外引

道照明以及洞口接近段减光设施。隧道照明区段构成如图3.0.6所示。

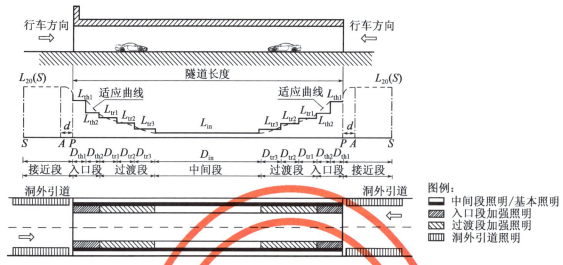

图3.0.6 双向交通隧道照明系统分段图

**条文说明**

3.0.5～3.0.6 隧道照明分区段设置是为满足驾驶员视觉从高亮度向低亮度，或从低亮度向高亮度变化适应的需求。视觉从高亮度向低亮度适应的反应时间通常较长，反之则较短，因此行车进口端加强照明段长度大于行车出口端加强照明段长度。

**3.0.7** 隧道入口段、过渡段、出口段照明应由基本照明和加强照明组成；基本照明应与中间段照明一致。

**条文说明**

基本照明是为保障行车安全沿隧道全长提供基本亮度的措施；加强照明是解决驾驶员白昼驶入、驶出隧道时适应洞内外亮度反差的措施。

**3.0.8** 隧道两侧墙面2m高范围内的平均亮度，不宜低于路面平均亮度的60%。

**条文说明**

隧道侧壁亮度是隧道内背景亮度的组成部分，起到满足机动车驾驶员的视觉适应性和视觉诱导的作用。本条参照《隧道与地下通道照明指南》（CIE 88—2004）和《照明设备——隧道照明》（CR 14380:2003）的相关规定提出。

**3.0.9** 平均亮度与平均照度间的换算系数宜实测确定；无实测条件时，黑色沥青路面可取$15lx/(cd·m^{-2})$，水泥混凝土路面可取$10lx/(cd·m^{-2})$。

**条文说明**

路面平均亮度与平均照度间的换算系数与路面材料、颜色有关，条文中所列换算系数参考了《城市道路照明设计标准》（CJJ 45—2006）的有关条文。

**3.0.10** 公路隧道照明设计应考虑运营期灯具受污状况和养护情况，养护系数 $M$ 值宜取 0.7；纵坡大于 2% 且大型车比例大于 50% 的特长隧道养护系数 $M$ 值宜取 0.6。

**条文说明**

隧道运营中照明系统灯具的管理及定期养护至关重要。细致、完善的养护管理可使照明系统维持所需的照明亮度水平、延长光源及灯具寿命且降低运营成本，使隧道照明系统经济、节能运行。

养护系数的取值影响因素众多，包括光源的光通量衰减、光源和灯具上尘埃等污染物质的长期侵蚀引起灯具灯罩和反射器效率的下降、隧道墙面反射率的降低以及灯具附件的损坏等，养护系数 $M$ 反映了上述因素的综合影响。鉴于各隧道的纵坡条件、大型车比例、运营管理方式等大不相同，对灯具、光源等设施的养护管理要求不尽相同，故作出本条规定。

**3.0.11** 照明灯具的布置宜采用中线形式、中线侧偏形式，也可采用两侧交错和两侧对称等形式。

**条文说明**

照明灯具的布置形式影响照明系统的效率，中线布置、中线侧偏布置比两侧布置效率高，两侧交错布置比两侧对称布置效率高。通常的照明灯具布置形式如图 3-1 所示。

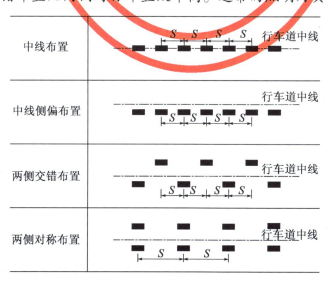

图 3-1

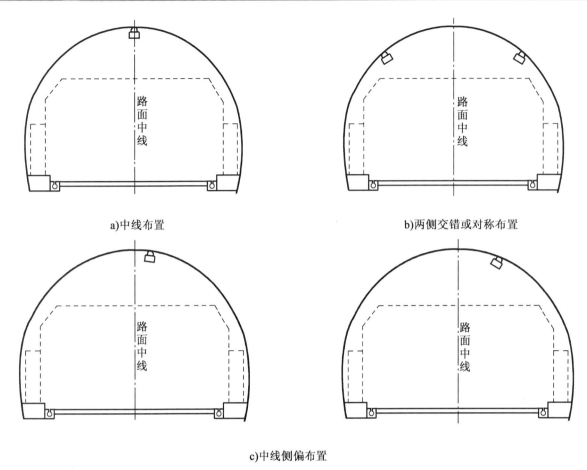

图 3-1 灯具布置形式示例图

**3.0.12** 入口段和出口段的加强照明灯具宜自隧道洞口顶部以内 10m 处开始布设。

**条文说明**

由于洞外自然光的投射进入，洞口以内一定范围内有较高亮度。研究结果表明这种自然光可利用作为入口段加强照明的组成部分，故作出本条规定。英国、日本等国家和 CIE、CEN 等国际组织在其相应的标准和技术文件中也有相同的考虑和规定。

**3.0.13** 隧道照明灯具性能应满足下列要求：
1  防护等级不低于 IP65。
2  具有适合公路隧道特点的防眩装置。
3  光源和附件便于更换。
4  灯具零部件具有良好的防腐性能。
5  灯具安装角度易于调整。
6  气体放电灯的灯具效率不应低于 70%，功率因数不应小于 0.85。
7  LED 隧道灯具的功率因数不应小于 0.95。

**条文说明**

1　IP65 的含义是：防尘达到 6 级，无尘埃进入；防水达到 5 级，任何方向喷水无有害影响。

6　气体放电灯的功率因数一般在 0.4～0.6，可通过实施电容补偿或配用电子镇流器予以提高。从经济合理的角度考虑，补偿后的功率因数以 0.8～0.9 为宜，本细则取 0.85。

# 4 入口段照明

## 4.1 入口段亮度

**4.1.1** 入口段宜划分为 $TH_1$、$TH_2$ 两个照明段，与之对应的亮度应分别按式（4.1.1-1）、式（4.1.1-2）计算：

$$L_{th1} = k \times L_{20}(S) \tag{4.1.1-1}$$

$$L_{th2} = 0.5 \times k \times L_{20}(S) \tag{4.1.1-2}$$

式中：$L_{th1}$——入口段 $TH_1$ 的亮度（$cd/m^2$）；

$L_{th2}$——入口段 $TH_2$ 的亮度（$cd/m^2$）；

$k$——入口段亮度折减系数，可按表4.1.1取值；

$L_{20}(S)$——洞外亮度（$cd/m^2$）。

**表4.1.1 入口段亮度折减系数 $k$**

| 设计小时交通量 $N$ [veh/(h·ln)] | | 设计速度 $v_t$ (km/h) | | | | |
|---|---|---|---|---|---|---|
| 单向交通 | 双向交通 | 120 | 100 | 80 | 60 | 20~40 |
| ≥1 200 | ≥650 | 0.070 | 0.045 | 0.035 | 0.022 | 0.012 |
| ≤350 | ≤180 | 0.050 | 0.035 | 0.025 | 0.015 | 0.010 |

注：当交通量在其中间值时，按线性内插取值。

**条文说明**

本条规定了入口段照明按 $TH_1$、$TH_2$ 两个照明段进行设置。对近十年来建设的公路隧道的广泛调研表明，入口段后半段亮度偏高，所以入口段采用了分段设置的方法。英国、日本等国家和CIE、CEN等国际组织在其相应的标准和技术文件中也有相同的考虑和规定。

本细则采用 $k$ 值法计算入口段加强照明亮度。入口段亮度折减系数 $k$ 的取值参考了CIE、CEN等国际组织以及一些国家的照明标准，并充分考虑了目前我国的经济发展水平和隧道照明状况。

**4.1.2** 长度 $L>500m$ 的非光学长隧道及长度 $L>300m$ 的光学长隧道，入口段 $TH_1$、$TH_2$ 的亮度应分别按式（4.1.1-1）及式（4.1.1-2）计算。

**4.1.3** 长度 300m＜$L$≤500m 的非光学长隧道及长度 100m＜$L$≤300m 的光学长隧道，入口段 $TH_1$、$TH_2$ 的亮度宜分别按式（4.1.1-1）和式（4.1.1-2）计算值的 50% 取值。

**4.1.4** 长度 200m＜$L$≤300m 的非光学长隧道，入口段 $TH_1$、$TH_2$ 的亮度宜分别按式（4.1.1-1）和式（4.1.1-2）计算值的 20% 取值。

**条文说明**

4.1.2～4.1.4 本细则中不属于光学长隧道范畴的隧道即为非光学长隧道。

短隧道对照明的要求与长隧道不尽相同，主要与隧道的通视程度有关。影响隧道通视程度的主要因素是隧道的长度，对于短隧道还包括隧道的宽度、高度、平纵线形等。短隧道照明与公路等级、设计速度、交通量、长度、平面线形、日光强弱等因素有关。CIE、CEN 等国际组织和一些国家在其相应的标准和技术文件中也有相同的考虑和规定。《隧道与地下通道照明指南》（CIE 88—2004）根据照明的要求，短隧道的照明亮度水平根据隧道平面线形、日照强弱、墙壁反射率和交通量大小等因素可有所不同。

**4.1.5** 当两座隧道间的行驶时间按设计速度计算小于 15s，且通过前一座隧道的行驶时间大于 30s 时，后续隧道入口段亮度应进行折减，亮度折减率可按表 4.1.5 取值。

表 4.1.5　后续隧道入口段亮度折减率

| 两隧道之间行驶时间 $t$（s） | $t$＜2 | 2≤$t$＜5 | 5≤$t$＜10 | 10≤$t$＜15 |
|---|---|---|---|---|
| 后续隧道入口段亮度折减率（%） | 50 | 30 | 25 | 20 |

## 4.2 洞外亮度

**4.2.1** 公路隧道照明设计的洞外亮度 $L_{20}(S)$ 可按表 4.2.1 取值。

表 4.2.1　洞外亮度 $L_{20}(S)$（cd/m²）

| 天空面积百分比 | 洞口朝向或洞外环境 | 设计速度 $v_t$（km/h） | | | | |
|---|---|---|---|---|---|---|
| | | 20～40 | 60 | 80 | 100 | 120 |
| 35%～50% | 南洞口 | | | 4 000 | 4 500 | 5 000 |
| | 北洞口 | | | 5 500 | 6 000 | 6 500 |
| 25% | 南洞口 | 3 000 | 3 500 | 4 000 | 4 500 | 5 000 |
| | 北洞口 | 3 500 | 4 000 | 5 000 | 5 500 | 6 000 |
| 10% | 暗环境 | 2 000 | 2 500 | 3 000 | 3 500 | 4 000 |
| | 亮环境 | 3 000 | 3 500 | 4 000 | 4 500 | 5 000 |

续表 4.2.1

| 天空面积百分比 | 洞口朝向或洞外环境 | 设计速度 $v_t$ (km/h) | | | | |
|---|---|---|---|---|---|---|
| | | 20~40 | 60 | 80 | 100 | 120 |
| 0 | 暗环境 | 1 500 | 2 000 | 2 500 | 3 000 | 3 500 |
| | 亮环境 | 2 000 | 2 500 | 3 000 | 3 500 | 4 000 |

注：1. 天空面积百分比指20°视场中天空面积百分比。
2. 南洞口指北行车辆驶入的洞口，北洞口指南行车辆驶入的洞口。
3. 东洞口与西洞口取用南洞口与北洞口之中间值。
4. 暗环境指洞外景物（包括洞门建筑）反射率低的环境；亮环境指洞外景物（包括洞门建筑）反射率高的环境。
5. 当天空面积百分比处于表中两档之间时，按线性内插取值。

**条文说明**

洞外亮度 $L_{20}(S)$ 是指在接近段起点 $S$ 处，距地面1.5m高正对洞口方向20°视场实测得到的平均亮度，如图4-1所示。洞外亮度 $L_{20}(S)$ 是照明系统的设计基准参数之一，该参数的合理设定对工程投资和运营电费均有极大影响，不容忽视。日本东京湾海底隧道曾于设计中做过详细比较，在其他条件（包括车速）相同的情况下，如 $L_{20}(S)$ 分别设定为4 000cd/m²与6 000cd/m²，则设备费相差34%，年电耗量（kWh）相差达30%。因此，建议通过洞口山坡绿化或对结构物进行减光处理，尽量降低隧道洞口的洞外亮度。

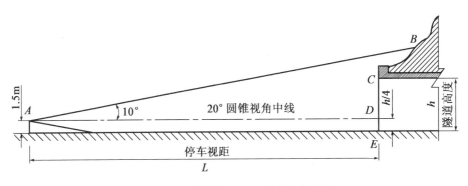

图4-1 洞外亮度 $L_{20}(S)$ 测试示意图

隧道洞外亮度值的合理确定需要待隧道洞口工程完工后才能通过现场实测获得，因此在设计之初，需要对洞外亮度值进行预估。通过对福建、广东、重庆、陕西等省（市）近百座隧道洞外亮度的现场测试和分析，根据现场实测结果分析，所测山岭公路隧道的洞口天空面积百分比通常为0，其实测值普遍在2 300~3 300cd/m²之间，削竹式洞门隧道洞外亮度通常在2 500cd/m²左右，端墙式洞门隧道洞外亮度通常在3 000cd/m²左右。同时，对我国大量已建和在建的高速公路、一级公路山岭隧道现场勘察情况表明，其洞口方向20°圆锥视场内的天空面积百分比基本为0。本条文提出了公路隧道洞外亮度的建议值。

由于 $L_{20}(S)$ 随纬度、季度、气象变化，本条所提供的仅是照明设计阶段的建议值。

雪地环境中 $L_{20}(S)$ 会较高，但行车速度亦相应下降，故未提及雪地环境中的 $L_{20}(S)$。

**4.2.2** 在洞口土建完成时，宜进行洞外亮度实测；实测值与设计取值的误差超出 -25%～+25% 时，应调整照明系统的设计。

**条文说明**

在隧道洞口土建完成后，设计采用的洞外亮度值可能与实际洞外亮度值存在较大差异，为避免运营安全隐患或设计过度，需通过实测确定洞外亮度值，当实测值与设计取值的误差超出 -25%～+25% 时，需进行照明系统的调整。

洞外亮度测试建议采用快捷、准确的测试方法。洞外亮度测试方法通常有环境简图法、黑度法、数码相机法。数码相机法由于操作简便、测试结果较为准确，是目前较为常用的一种测试方法。

**4.2.3** 照明停车视距可按表 4.2.3 取值。

**表 4.2.3 照明停车视距 $D_s$（m）**

| 设计速度 $v_t$（km/h） | 纵坡（%） | | | | | | | | |
|---|---|---|---|---|---|---|---|---|---|
| | -4 | -3 | -2 | -1 | 0 | 1 | 2 | 3 | 4 |
| 120 | 260 | 245 | 232 | 221 | 210 | 202 | 193 | 186 | 179 |
| 100 | 179 | 173 | 168 | 163 | 158 | 154 | 149 | 145 | 142 |
| 80 | 112 | 110 | 106 | 103 | 100 | 98 | 95 | 93 | 90 |
| 60 | 62 | 60 | 58 | 57 | 56 | 55 | 54 | 53 | 52 |
| 40 | 29 | 28 | 27 | 27 | 26 | 26 | 25 | 25 | 25 |
| 20～30 | 20 | 20 | 20 | 20 | 20 | 20 | 20 | 20 | 20 |

**条文说明**

本条所采用的照明停车视距参数主要参考了 CIE、CEN 等国际组织相应的标准和技术报告的建议值。

## 4.3 入口段长度

**4.3.1** 入口段 $TH_1$、$TH_2$ 长度应按式（4.3.1）计算：

$$D_{th1} = D_{th2} = \frac{1}{2}\left(1.154 D_s - \frac{h - 1.5}{\tan 10°}\right) \quad (4.3.1)$$

式中：$D_{th1}$——入口段 $TH_1$ 长度（m）；

$D_{th2}$——入口段 $TH_2$ 长度（m）；

$D_s$——照明停车视距（m），可按表4.2.3取值；
$h$——隧道内净空高度（m）。

**条文说明**

入口段长度$D_{th}$根据照明停车视距、最小衬托长度、洞口净空高度、适应距离进行计算。为保证机动车驾驶员对路面上障碍物（0.2m×0.2m×0.2m）的视认能力，在障碍物背后应有一段最小长度为$b$的明亮路面，如图4-2所示。

图4-2 照明停车视距与最小衬托长度

隧道照明所采用的障碍物尺寸借鉴了《隧道与地下通道照明指南》（CIE 88—2004）的建议值，即采用尺寸为0.2m×0.2m×0.2m、反射系数为0.2的正方体小目标物体。

车辆驶至洞外适应点$A$时，机动车驾驶员的20°视场范围内，洞外景物基本消失，开始适应隧道暗环境。适应点$A$与洞口$P$间的距离$d$称为适应距离，$d = \dfrac{h-1.5}{\tan 10°}$，如图4-3所示。

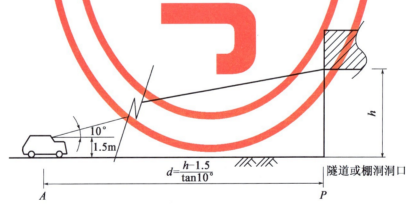

图4-3 适应距离

**4.3.2** 设计速度为20~40km/h时，入口段总长度可取1倍照明停车视距。

**条文说明**

设计速度为20~40km/h时，参考了CIE、CEN等国际组织相应的标准和技术报告的建议值。若采用式（4.3.1）计算，得出的入口段长度为负值，故作出本条规定。

# 5 过渡段照明

**5.0.1** 过渡段宜按渐变递减原则划分为 $TR_1$、$TR_2$、$TR_3$ 三个照明段，与之对应的亮度应按式（5.0.1-1）~式（5.0.1-3），计算：

$$L_{tr1} = 0.15 \times L_{th1} \quad (5.0.1\text{-}1)$$
$$L_{tr2} = 0.05 \times L_{th1} \quad (5.0.1\text{-}2)$$
$$L_{tr3} = 0.02 \times L_{th1} \quad (5.0.1\text{-}3)$$

条文说明

本细则参照 CIE 有关标准规定的适应曲线 $L_{tr} = L_{th1}(1.9+t)^{-1.4}$ 过渡段照明亮度划分依据。在过渡段区域里，$TR_1$、$TR_2$、$TR_3$ 三个过渡照明段的亮度比例按 3:1 划分，如图 5-1 所示。

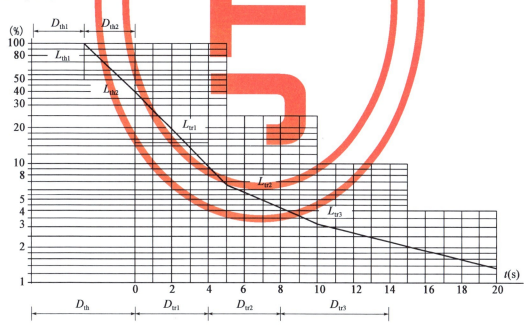

图 5-1 过渡段长度与相应亮度

**5.0.2** 长度 $L \leq 300\text{m}$ 的隧道，可不设置过渡段加强照明；长度 $300\text{m} < L \leq 500\text{m}$ 的隧道，当在过渡段 $TR_1$ 能完全看到隧道出口时，可不设置过渡段 $TR_2$、$TR_3$ 加强照明；当 $TR_3$ 的亮度 $L_{tr3}$ 不大于中间段亮度 $L_{in}$ 的 2 倍时，可不设置过渡段 $TR_3$ 加强照明。

**条文说明**

对于长度 300m < L ≤ 500m 的隧道，其是否设置过渡段主要取决于隧道的通视程度。对于非光学长隧道，当交通量较小时，隧道出口占很大一部分背景，洞内低亮度和出口处的高亮度形成鲜明对比，可以轻易看见往来车辆和其他物体，通常设置有过渡段 $TR_1$；当交通量较大，使得隧道出口处的背景亮度比例较小时，通常设置有过渡段 $TR_2$、$TR_3$。

对于光学长隧道，当交通量较小且位于过渡段 $TR_1$ 能完全看到出口时，通常设置有过渡段 $TR_1$；当交通量较大，使得隧道出口处的背景亮度比例较小，且位于过渡段 $TR_1$ 仍不能完全看到出口时，通常设置有过渡段 $TR_2$、$TR_3$。

**5.0.3** 过渡段长度应按式（5.0.3-1）~式（5.0.3-3）计算：

1 过渡段 $TR_1$ 长度应按式（5.0.3-1）计算：

$$D_{tr1} = \frac{D_{th1} + D_{th2}}{3} + \frac{v_t}{1.8} \quad (5.0.3\text{-}1)$$

式中：$v_t$——设计速度（km/h）；

$\frac{v_t}{1.8}$——2s 内的行驶距离。

2 过渡段 $TR_2$ 长度应按式（5.0.3-2）计算：

$$D_{tr2} = \frac{2v_t}{1.8} \quad (5.0.3\text{-}2)$$

3 过渡段 $TR_3$ 长度应按式（5.0.3-3）计算：

$$D_{tr3} = \frac{3v_t}{1.8} \quad (5.0.3\text{-}3)$$

**条文说明**

各过渡段的长度基本上沿着 CIE 有关标准规定的适应曲线分割。过渡段 $TR_1$ 的长度相当于 4s 内的行驶距离；过渡段 $TR_2$ 的长度相当于 4s 内的行驶距离；过渡段 $TR_3$ 的长度相当于 6s 内的行驶距离。

根据式（5.0.3-1）~式（5.0.3-3）计算各过渡段长度，见表 5-1。

**表 5-1 过渡段长度 $D_{tr}$ 计算表（m）**

| 设计速度 $v_t$(km/h) | $D_{tr1}$ | | | $D_{tr2}$ | $D_{tr3}$ |
|---|---|---|---|---|---|
| | 隧道内净空高度 $h$(m) | | | | |
| | 6 | 7 | 8 | | |
| 120 | 139 | 137 | 135 | 133 | 200 |
| 100 | 108 | 106 | 103 | 111 | 167 |

续表 5-1

| 设计速度 $v_t$(km/h) | $D_{tr1}$ | | | $D_{tr2}$ | $D_{tr3}$ |
|---|---|---|---|---|---|
| | 隧道内净空高度 $h$(m) | | | | |
| | 6 | 7 | 8 | | |
| 80 | 74 | 72 | 70 | 89 | 133 |
| 60 | 46 | 44 | 42 | 67 | 100 |
| 40 | 26 | 26 | 26 | 44 | 67 |

# 6 中间段照明

## 6.1 中间段亮度

**6.1.1** 中间段照明亮度宜按表6.1.1取值。

表6.1.1 中间段亮度表 $L_{in}$（cd/m²）

| 设计速度 $v_t$ (km/h) | $L_{in}$ | | |
|---|---|---|---|
| | 单向交通 | | |
| | $N \geqslant 1200$veh/(h·ln) | 350veh/(h·ln)$< N <1200$veh/(h·ln) | $N \leqslant 350$veh/(h·ln) |
| | 双向交通 | | |
| | $N \geqslant 650$veh/(h·ln) | 180veh/(h·ln)$< N < 650$veh/(h·ln) | $N \leqslant 180$veh/(h·ln) |
| 120 | 10.0 | 6.0 | 4.5 |
| 100 | 6.5 | 4.5 | 3.0 |
| 80 | 3.5 | 2.5 | 1.5 |
| 60 | 2.0 | 1.5 | 1.0 |
| 20~40 | 1.0 | 1.0 | 1.0 |

注：1. 当设计速度为100km/h时，中间段亮度可按80km/h对应亮度取值。
2. 当设计速度为120km/h时，中间段亮度可按100km/h对应亮度取值。

**条文说明**

该条各参数是借鉴了 EURO STD《欧盟隧道照明标准》（1997版）和《日本隧道照明指针》（1990版）的有关规定，并充分考虑了我国公路隧道运营实情和基于小目标物体发现距离的人体生物效应照明效果测试结果。设计速度为120km/h时的中间段亮度取值参照了《隧道与地下通道照明指南》（CIE 88—2004）和《照明设备——隧道照明》（CR 14380:2003）的推荐值。

**6.1.2** 行人与车辆混合通行的隧道，中间段亮度不应小于2.0cd/m²。

**6.1.3** 单向交通且以设计速度通过隧道的行车时间超过135s时，隧道中间段宜分为两个照明段，与之对应的长度及亮度不应低于表6.1.3的规定。

表6.1.3 中间段各照明段长度及亮度取值

| 项目 | 长度（m） | 亮度（cd/m²） | 适用条件 |
|---|---|---|---|
| 中间段第一照明段 | 设计速度下30s行车距离 | $L_{in}$ | — |
| 中间段第二照明段 | 余下的中间段长度 | $L_{in} \times 80\%$，且不低于1.0cd/m² | — |
|  |  | $L_{in} \times 50\%$，且不低于1.0cd/m² | 采用连续光带布灯方式，或隧道壁面反射系数不小于0.7时 |

**条文说明**

本条参照《隧道与地下通道照明指南》（CIE 88—2004）的相关规定，当通过隧道的行车时间超过135s时，机动车驾驶员有充分的适应时间，故中间段第二照明段亮度可适当降低。

## 6.2 中间段灯具布置

**6.2.1** 当隧道内按设计速度行车时间超过20s时，照明灯具布置间距应满足闪烁频率低于2.5Hz或高于15Hz。

**条文说明**

闪烁频率为设计速度与布灯间距之比$v_t/S$。当闪烁频率在4~11Hz之间时，不舒适感使人无法忍受，故本细则作出本条规定。

**6.2.2** 路面亮度总均匀度不应低于表6.2.2所示值。

表6.2.2 路面亮度总均匀度$U_0$

| 设计小时交通量 N [veh/(h·ln)] | | $U_0$ |
|---|---|---|
| 单向交通 | 双向交通 |  |
| ≥1 200 | ≥650 | 0.4 |
| ≤350 | ≤180 | 0.3 |

注：当交通量在其中间值时，按线性内插取值。

**6.2.3** 路面中线亮度纵向均匀度不应低于表6.2.3所示值。

表6.2.3 路面中线亮度纵向均匀度$U_1$

| 设计小时交通量 N [veh/(h·ln)] | | $U_1$ |
|---|---|---|
| 单向交通 | 双向交通 |  |
| ≥1 200 | ≥650 | 0.6 |
| ≤350 | ≤180 | 0.5 |

注：当交通量在其中间值时，按线性内插取值。

条文说明

6.2.2～6.2.3 保证亮度均匀度是为了给机动车驾驶员提供良好的能见度和视觉上的舒适性。由于视场中存在亮度不同的区域，眼睛从一种亮度区域移到另一种亮度区域时，需要一定的适应时间，且在适应过程中眼睛的视觉能力将会降低。如果经常交替适应，明暗变化带来的闪烁效应，会使机动车驾驶员的视力工作发生困难而导致视觉疲劳。

**6.2.4** 当中间段位于曲线时，照明灯具的布置宜符合下列要求：

1 平曲线半径不小于1 000m的曲线段，照明灯具可参照直线段布置。

2 平曲线半径小于1 000m的曲线段，当采用两侧布灯方式时，宜采用对称布置；当采用中线侧偏布灯方式时，照明灯具应沿曲线外侧布置，间距宜为直线段照明灯具间距的0.5～0.7倍，半径越小布灯间距应越小，如图6.2.4-1所示。

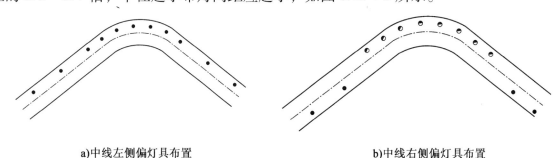

a)中线左侧偏灯具布置　　　　　　　　b)中线右侧偏灯具布置

图6.2.4-1　曲线段中线侧偏灯具布置示意图

3 在反向曲线段上，宜在固定的一侧设置灯具；若有视线障碍，宜在曲线外侧增设灯具，如图6.2.4-2所示。

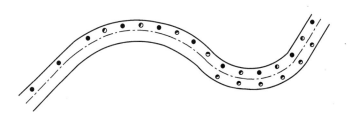

图6.2.4-2　反向曲线段上的灯具布置示意图

条文说明

与沿曲线内侧布置相比，照明灯具沿外侧布置具有行车诱导性好的优点。"半径越小布灯间距应越小"的规定，是基于更清晰地标示隧道走向、确保路面亮度均匀度的考虑。隧道的反向曲线段宜在固定的一侧设置灯具，其目的是为了提高诱导性，也便于照明设施的安装与维护。

**6.2.5** 隧道内交通分流段、合流段的亮度不宜低于中间段亮度的3倍。

## 6.3 紧急停车带和横通道照明

**6.3.1** 紧急停车带照明宜采用显色指数高的光源,其亮度不应低于 $4.0cd/m^2$。

条文说明

紧急停车带主要是为异常车辆提供检修维护的场所,需做一定的细致工作,其亮度和显色性与主洞的要求不同,故作出本条规定。

**6.3.2** 横通道亮度不应低于 $1.0cd/m^2$。

条文说明

横通道照明是为人员疏散逃生及救援提供必要的亮度。

# 7 出口段照明

**7.0.1** 出口段宜划分为 $EX_1$、$EX_2$ 两个照明段，每段长度宜取 30m，与之对应的亮度应按式（7.0.1-1）、式（7.0.1-2）计算：

$$L_{ex1} = 3 \times L_{in} \tag{7.0.1-1}$$
$$L_{ex2} = 5 \times L_{in} \tag{7.0.1-2}$$

**条文说明**

在隧道出口附近，前车背后的小型车辆常难以发现、视认，容易发生车祸。设置出口加强照明后，有助于消除这类视觉困难，如图 7-1 所示。

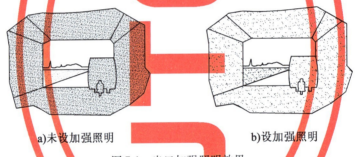

a) 未设加强照明　　　　　　b) 设加强照明

图 7-1　出口加强照明效果

《隧道与地下通道照明指南》（CIE 88—2004）推荐白天隧道出口段的亮度应线性增加，在隧道出口前的 20m 范围内，隧道内的亮度应由中间段亮度变化到 5 倍中间段亮度。根据这一建议，作出本条规定。

**7.0.2** 长度 $L \leq 300m$ 的直线隧道可不设置出口段加强照明；长度 $300m < L \leq 500m$ 的直线隧道可只设置 $EX_2$ 出口段加强照明。

# 8 应急照明与洞外引道照明

## 8.1 应急照明

**8.1.1** 长度 $L>500$m 的高速公路隧道应设置应急照明系统，并应采用不间断供电系统；长度 $L>1\,000$m 的一级、二级公路隧道应设置应急照明系统，照明中断时间不应超过 0.3s；三级、四级公路隧道应根据实际情况确定。

**8.1.2** 应急照明灯具可利用部分基本照明灯具；应急照明供电电源维持时间不应少于 30min。

**条文说明**

隧道部分基本照明灯具可兼作应急照明灯具。当日常的照明电源出现故障或停电时，利用不间断应急电源为照明系统的"应急"灯具供电。

**8.1.3** 当处于应急照明状况时，宜及时发布洞内照明状况信息，有条件时可采用可变情报板发布信息。

**8.1.4** 应急照明亮度不应小于表 6.1.1 所列中间段亮度的 10%，且不应低于 $0.2\text{cd/m}^2$。

## 8.2 洞外引道照明

**8.2.1** 以下路段可设置洞外引道照明：
1. 隧道外引道曲线半径小于一般值的路段；
2. 隧道设夜间照明且处于无照明路段的洞外引道；
3. 隧道与桥梁连接处、连续隧道间的路段。

**条文说明**

当隧道处于无照明路段时，容易出现因洞内外亮度反差引起的视觉偏差，故规定适当设置引道段照明，以利于驾驶员提前察觉隧道状况或洞外道路状况。

**8.2.2** 洞外引道设置亮度与长度不宜低于表 8.2.2 所示值。

表 8.2.2　洞外引道设置亮度与长度

| 设计速度 $v_t$ (km/h) | 亮　度 (cd/m²) | 长　度 (m) |
| --- | --- | --- |
| 120 | 2.0 | 240 |
| 100 | 2.0 | 180 |
| 80 | 1.0 | 130 |
| 60 | 0.5 | 95 |
| 20~40 | 0.5 | 60 |

**8.2.3** 连续隧道间洞外路段长度小于表 8.2.2 规定值时，可按实际洞外路段长度设置引道照明。

**8.2.4** 洞外引道照明灯具布置可按道路照明进行设计。

**条文说明**

道路照明通常将灯具安装在高度 15m 以下的灯杆上，按一定间距有规律地连续设置在道路的一侧、两侧或中央分隔带上。采用这种照明方式时，灯具的纵轴垂直于路轴，灯具所发出的大部分光射向道路。

# 9 节能标准与措施

## 9.1 一般规定

**9.1.1** 公路隧道照明设计应合理选择设计参数，通过多方案的经济技术分析论证，确定合理、节能的照明方案。

**条文说明**

合理设计是实现隧道照明节能的核心环节。隧道照明节能在满足照明标准的前提下，通过细致分析隧道所处地理位置、隧道规模、交通量大小等工程特点，合理选定设计参数，并进行不同光源、灯具选型、灯具布置形式以及分期实施方案等多种照明方案的全寿命周期经济技术比较，"因隧制宜"地确定最佳设计方案，避免凭经验的模式化设计。

例如，隧道中间段照明灯具近期采用中线侧偏方式，远期可采用增设一排灯具、更换灯具或变化光源功率等多种照明方案进行比选。

**9.1.2** 公路隧道照明设计应根据交通量变化、洞外亮度变化、季节更替等多种工况制订调光及运营管理方案。

**条文说明**

隧道照明系统通常按最不利工况进行设计，不分工况开启照明设施必然会造成能耗增加或引起安全隐患。应根据交通量变化、洞外亮度变化、不同季节等制订适宜的调光及运营管理方案，以确保隧道照明系统在不同运营条件下的安全与节能运行，并实现科学管理。

公路隧道照明通常采用分级调光或动态调光。例如，白天加强段照明可采用晴天、阴天、云天、重阴天四级调光方案或时序多级调光方案；夜间中间段照明根据交通量变化可采用动态调光。

## 9.2 节能标准

**9.2.1** 当显色指数 Ra≥65、色温介于 3 500～6 500K 的 LED 光源用于隧道基本照明时,亮度可按表 6.1.1 所列亮度标准的 50% 取值,但不应低于 $1.0\text{cd/m}^2$。

**条文说明**

我国和世界上大多数国家照明设计目前所采用的亮度标准均是在明视觉条件下 2°视野范围内的亮度,这不能完全反映人眼对亮度的感知。为此,学术界开始应用"中间视觉理论"和"对目标物体反应时间的视觉功效法"对隧道照明进行研究。根据"基于反应时间的视觉功效法"实验,得出反应时间相等时 LED 光源对高压钠灯(HPS)光源的亮度对比系数,见表 9-1,进而可计算 LED 光源中间视觉的等效亮度,因此其亮度值作相应折减。

**表 9-1 LED 对 HPS 的亮度对比系数值**

| 背景亮度($\text{cd/m}^2$) | 1.0 | 1.5 | 2.0 | 2.5 | 3.6 | 4.5 |
| --- | --- | --- | --- | --- | --- | --- |
| 亮度对比系数 | 0.310 7 | 0.388 1 | 0.477 7 | 0.461 3 | 0.403 1 | 0.349 1 |

**9.2.2** 当显色指数 Ra≥65、色温介于 3 500～6 500K 的单端无极荧光灯用于隧道基本照明时,亮度可按表 6.1.1 所列亮度标准的 80% 取值,但不应低于 $1.0\text{cd/m}^2$。

**条文说明**

适应亮度不同时,人眼的相对光谱灵敏度曲线不同。适应亮度下降,人眼对蓝、绿色光的反应大大提高,而对黄色光和红色光的灵敏度随之显著降低。因此,在隧道照明低亮度水平条件下(长隧道的基本照明、夜间照明),采用含短波长较多的光源(单端无极荧光灯)进行照明会比相同功率的含长波长较多的光源(高压钠灯)产生更大的视觉亮度,故作出本条规定。

**9.2.3** 基本照明采用逆光照明方式时,亮度可按表 6.1.1 所列亮度标准的 80% 取值,但不应低于 $1.0\text{cd/m}^2$。

**条文说明**

逆光照明灯具的特点是光束投射方向和交通车流方向相反,驾驶员主要通过负对比效应看到路面的障碍物和车辆。根据"小目标物体可见度"理论,在目标物体所在路面亮度相同的情况下,物体朝向驾驶员表面的亮度越低,相应的目标物可视度就越高,就越容易被驾驶员发现,故作出本条规定。

## 9.3 节能措施

**9.3.1** 隧道照明光源的选择应遵循下列原则:

1 宜选择发光效率高的光源,光源的使用寿命不应小于10 000h。

2 以稀释烟尘作为隧道通风控制工况的隧道,宜选择透雾性能较好的光源;不以稀释烟尘作为隧道通风控制工况的隧道,基本照明宜选择显色性好的光源。

3 紧急停车带、横通道可选用显色性较好的光源。

条文说明

隧道照明光源目前多采用光效高、透雾性能较好的高压钠灯,对显色性要求较高的隧道和特殊地段较多采用荧光灯。

光源、透过率(烟尘浓度)对照明水平有较大影响。烟尘浓度不但与车速(要求视距)有关,而且与亮度(或照度)、光源有关,见表9-2。日本照明专家经大量测试后得出图9-1所示的烟尘浓度(透过率)、车速、照度和光源四者之间关系。

表9-2 设计速度—路面亮度—烟尘浓度之间的关系

| 设计速度（km/h） | 100 | 80 | 60 | 40 |
|---|---|---|---|---|
| 路面平均亮度（cd/m²） | 9.0 | 4.5 | 2.5 | 1.5 |
| $K$（m$^{-1}$） | 0.006 9 | 0.007 0 | 0.007 5 | 0.009 0 |

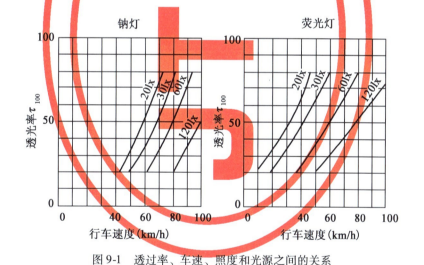

图9-1 透过率、车速、照度和光源之间的关系

9.3.2 隧道照明采用中线或中线侧偏布置形式时,基本照明宜选用逆光型灯具;隧道照明采用两侧交错或两侧对称布置形式时,宜选用宽光带对称型照明灯具。

9.3.3 接近段可采用下列减光措施:

1 可采用削竹式洞门形式,并进行坡面绿化。

2 洞口采用端墙形式时,墙面可采用暗色调,其装饰材料的反射率应小于0.17。

3 经硬化处理的隧道洞口边仰坡可进行暗化处理。

4 洞口外至少一个照明停车视距长度的路面可采用黑色路面。

**条文说明**

洞外亮度 $L_{20}(S)$ 对隧道加强照明规模的影响极大，若对洞门作明亮装饰会使洞外亮度值增大，加剧"黑洞效应"，导致照明能耗增加。在隧道接近段采取洞外减光措施，可以降低隧道洞外亮度，达到节能目的。

本条提出的洞外减光措施为常用办法，也可根据洞口现场情况采用其他减光措施，如洞口种植常青树。此外，隧道洞口设计遵循"早进晚出"原则，采取前置洞口工法，实现零仰坡开挖以及大面积绿化洞口等，尽量降低隧道洞外亮度。

采用削竹式洞口时，其洞外亮度低于端墙式洞口，即使隧道洞口处于微丘地段即20°视场范围内天空面积百分比较高也是如此，因此从降低洞外亮度考虑，推荐削竹式洞口。洞口（门）形式对洞外亮度的影响情况如图9-2所示。

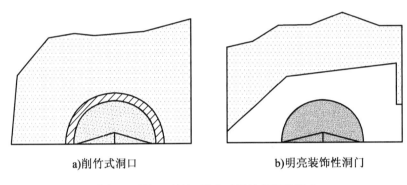

a)削竹式洞口　　　　　　b)明亮装饰性洞门

图9-2　洞口（门）形式对洞外亮度的影响

**9.3.4** 隧道白昼照明调光设计应满足下列要求：

1 加强照明应根据洞外亮度和交通量变化，进行入口段、过渡段和出口段的调光方案设计，可按表9.3.4进行调光分级组合。

表9.3.4　加强照明调光分级

| 季节及天气 | 调光分级 | 洞外亮度 (cd/m²) | 交通量 $N$ [veh/(h·ln)] | |
| --- | --- | --- | --- | --- |
| | | | 单向交通 | 双向交通 |
| 夏季晴天 | Ⅰ | $L_{20}(S)$ | ≤350 | ≤180 |
| | Ⅱ | | 350 < $N$ < 1 200 | 180 < $N$ < 650 |
| | Ⅲ | | ≥1 200 | ≥650 |
| 其他季节晴天/夏季云天 | Ⅳ | $0.5L_{20}(S)$ | ≤350 | ≤180 |
| | Ⅴ | | 350 < $N$ < 1 200 | 180 < $N$ < 650 |
| | Ⅵ | | ≥1 200 | ≥650 |
| 其他季节云天/夏季阴天 | Ⅶ | $0.25L_{20}(S)$ | ≤350 | ≤180 |
| | Ⅷ | | 350 < $N$ < 1 200 | 180 < $N$ < 650 |
| | Ⅸ | | ≥1 200 | ≥650 |

续表 9.3.4

| 季节及天气 | 调光分级 | 洞外亮度 ($cd/m^2$) | 交通量 $N$ [veh/(h·ln)] | |
|---|---|---|---|---|
| | | | 单向交通 | 双向交通 |
| 其他季节阴天/重阴天 | X | $0.13L_{20}(S)$ | ≤350 | ≤180 |
| | XI | | 350 < N < 1 200 | 180 < N < 650 |
| | XII | | ≥1 200 | ≥650 |

**2** 基本照明应根据交通量变化，按本细则第6.1.1条~第6.1.3条的亮度值进行调光方案设计。

**条文说明**

1 按不同季节、不同天气、交通量变化，调节隧道入口段、过渡段和出口段的亮度水平，以使隧道内加强照明亮度适应于洞外亮度的变化，从而使得隧道照明更加科学合理，获得节能效果。

2 按交通量变化调节隧道基本照明的亮度水平，以使隧道内基本照明亮度适应于交通量的变化，从而获得节能效果。

**9.3.5** 隧道夜间照明调光设计应满足下列要求：

1 夜间应关闭隧道入口段、过渡段和出口段的加强照明灯具。

2 长度 $L≤500m$ 且设有自发光诱导设施和定向反光轮廓标的高速公路和一级公路隧道，夜间可关闭全部灯具。

3 长度 $L≤1 000m$ 且设有定向反光轮廓标的二级公路隧道，夜间可关闭全部灯具。

4 公路设有照明时，其路段上的隧道夜间照明亮度应与道路亮度水平一致；公路未设置照明时，高速公路和一级公路隧道夜间照明亮度可取 $1.0cd/m^2$，二级公路隧道夜间照明亮度可取 $0.5cd/m^2$。

5 单向交通隧道夜间交通量不大于350veh/(h·ln)、双向交通隧道夜间交通量不大于180veh/(h·ln) 时，可只开启应急照明灯具。

**条文说明**

隧道入口段、过渡段、出口段处的加强照明是为消除白天驾驶员接近及通过隧道时由于洞内外亮度差别极大引起的"黑洞效应"、"视觉适应滞后"等视觉现象，因此所有加强照明灯具在夜间均应关闭。若仍开启这些照明，不但耗能严重，而且驾驶员在进入隧道时会引起强烈眩光，驶离隧道时产生"黑洞效应"，存在安全隐患。

本条参照《城市道路照明设计标准》（CJJ 45—2006）道路照明路面亮度取值的相关规定，规定了各等级公路隧道的夜间亮度。

根据编制组对国内隧道较多的省（市）调研发现，对于夜间交通量较少的公路隧道，在车辆均开车灯行驶时，隧道内仅开启应急照明灯具供隧道内监控摄像机及诱导行车使用，运营情况正常。

**9.3.6** 路面两侧2m高范围内墙面宜铺设反射率高的材料。

**条文说明**

墙面的反射与衬托作用在隧道照明中非常重要，不容忽视。当墙面反射率达到0.7时，路面亮度可提高10%。

# 10 照明计算

## 10.1 一般规定

**10.1.1** 照明计算应补充收集下列资料：
1 路面材料及其亮度系数或简化亮度系数；
2 灯具布置方式及安装高度、间距、仰角；
3 光源及灯具的类型、规格；
4 灯具的光强分布表、利用系数曲线图、等光强曲线图、亮度产生曲线图等光度数据。

条文说明

照明计算除与灯具的规格、型号、光源类型、隧道断面形式、灯具布置方式直接有关外，还需灯具制造厂根据国家和 CIE 的有关规定、测试方法，提供灯具的性能指标、光度数据等。按 CIE 的要求，需要提供 36 个 $\gamma$ 角，52 个 $c$ 角所对应的光强表，共计 1 872 个数值，才能进行照明数值计算。

**10.1.2** 照明计算应包括下列方面：
1 应结合各隧道工程特点选取合理的计算参数。
2 应根据选用照明灯具类型、布置方式等按本细则第 9.2 节的要求考虑节能标准。
3 应按本细则第 9.3.4、9.3.5 条的调光要求考虑灯具的布置。
4 应根据确定的亮度、照明类型和布置方式，计算照明灯具的数量及其功率。

## 10.2 照度计算

**10.2.1** 利用灯具的光强分布表，可按下列步骤计算路面平均水平照度：
1 某一灯具在洞内路面计算点 $p$ 产生的水平照度可按式（10.2.1-1）计算：

$$E_{pi} = \frac{I_{c\gamma}}{H^2} \cos^3\gamma \times \frac{\phi}{1\,000} \times M \qquad (10.2.1\text{-}1)$$

式中：$E_{pi}$——灯具在洞内路面计算点 $p$ 产生的水平照度（lx）；
$\gamma$——$p$ 点对应的灯具光线入射角（°）；

$I_{c\gamma}$——灯具在计算点 $p$ 的光强值（cd）；

$M$——灯具的养护系数；

$\phi$——灯具额定光通量（lm）；

$H$——灯具光源中心至路面的高度（m）。

2 数个灯具在计算点 $p$ 所产生的照度可按式（10.2.1-2）计算：

$$E_p = \sum_{i=1}^{n} E_{pi} \qquad (10.2.1\text{-}2)$$

式中：$E_p$——$p$ 点的水平照度（lx）；

$n$——灯具数量，计算时可取计算区域前后各一组。

3 路面平均水平照度可按式（10.2.1-3）计算：

$$E_{av} = \frac{\sum_{p=1}^{m} E_p}{m} \qquad (10.2.1\text{-}3)$$

式中：$E_{av}$——路面平均水平照度（lx）；

$m$——计算区域内计算点的总数。

**10.2.2** 利用灯具利用系数曲线图，可按式（10.2.2）计算路面平均水平照度：

$$E_{av} = \frac{\eta \cdot \phi \cdot M \cdot \omega}{W \cdot S} \qquad (10.2.2)$$

式中：$\omega$——灯具布置系数，对称布置时取 2，交错、中线及中央侧偏单光带布置时取 1；

$\eta$——利用系数，由灯具的利用系数曲线图查取；

$W$——隧道路面宽度（m）；

$S$——灯具间距（m）。

**条文说明**

照明计算的方法很多，传统的如经验表格法、等照度曲线法、利用系数法等，但是计算精度均不高，不能全面评价照明的效果与质量。随着计算机技术的发展与普及，根据厂家提供的光度数据表，已经可以实现烦琐的重复计算工作，得出路面上乃至隧道墙面上任意一点的照度与亮度。本细则推荐数值计算方法（CIE法）的同时，也列出了利用系数曲线图计算方法。灯具光强示意图如图10-1所示。

本条文式（10.2.1-1）中 $I_{c\gamma}$ 光强值由厂家提供，按CIE规定为1872个数据。在灯具仰倾角为0°，光通量为1000lm条件下，所得的光强表，实际计算时按额定光通量换算，并考虑光源的衰减与灯具的养护系数。

当灯具安装有平面转角、仰倾角时，通过平面公式的转换，求出与测试 $c$、$\gamma$ 角相一致的角度，内插求出 $I_{c\gamma}$ 值。

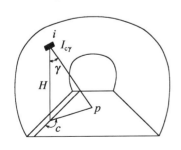

图10-1 灯具光强示意图

关于计算灯具的选取数量 n 值，通过相关计算表明，隧道内距计算区域（假定为 $S_0$）1 倍以上的灯具影响较小，可以不考虑。故一般情况下，取计算区域前后各一组，计算区域之外，另计 2~4 盏灯具，如图 10-2 所示。

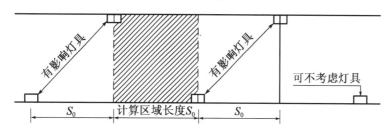

图 10-2　计算区域

为保证计算精度，且符合计算平均照度、亮度，特别是亮度均匀度与纵向均匀度的要求，计算区域内需有足够的计算点，并且在车道中心线上布点。

## 10.3　亮度计算

**10.3.1**　亮度计算应满足下列条件：
1　计算区域不应小于灯具间距。
2　观察点距计算区域宜取 60~160m，应位于行车道中线，并距路面高 1.5m。
3　计算区域内纵向计算点间距不宜大于 1.0m，横向计算点不应少于 5 个。
4　计算灯具应包括计算区域前后各一组。

**10.3.2**　某灯具 i 在路面计算点 p 产生的亮度可按式（10.3.2）计算：

$$L_{pi} = \frac{I_{c\gamma}}{H^2}r(\beta,\gamma) \qquad (10.3.2)$$

式中：　$L_{pi}$——灯具 i 在计算点 p 产生的亮度（cd/m²）；
　$r(\beta,\gamma)$——简化亮度系数，按附录 A 取值；
　　$\beta$——观察面与光入射面之间的角度。

**10.3.3**　数个灯具在计算点 p 产生的亮度可按式（10.3.3）计算：

$$L_p = \sum_{i=1}^{n} L_{pi} \qquad (10.3.3)$$

式中：$L_p$——p 点的亮度（cd/m²）。

**10.3.4**　计算区域内路面的平均亮度可按式（10.3.4）计算：

$$L_{av} = \frac{\sum_{p=1}^{m} L_p}{m} \qquad (10.3.4)$$

式中：$L_{av}$——计算区域内路面的平均亮度（cd/m²）。

**条文说明**

亮度计算比较复杂，除涉及照度计算有关内容外，它还与观察点的位置、路面材料等有关，为可靠起见，没有考虑墙面反射光对路面亮度提高的影响。查对国内外有关资料，机动车驾驶员注意力集中的区域大致是前方60～160m，因此视点纵向距离取距计算区域60～160m，侧向距离取1/4路面宽，视点高为1.5m。由于视角大多在0.5°～1.5°之间，故不计其影响。

关于路面简化亮度系数 $r(\beta,\gamma)$ 的取值，目前我国公路隧道路面几乎都是水泥混凝土路面，在没有实测资料的情况下，引用CIE的推荐值。本细则附录A只列出了一种路面的 $r(\beta,\gamma)$ 值。$r(\beta,\gamma)$ 表中所有的 $r$ 值是按 $Q_0=1$ 测量计算得出的。实际计算时，乘以表中的 $Q_0$ 值，并且表中各 $r$ 值均乘了1 000。经推断 $L_{pi}$ 可按式（10-1）计算：

$$L_{pi} = \frac{I_{c\gamma}}{H^2} \times \frac{\phi}{1\,000} \times M \times r(\beta,\gamma) \times \frac{Q_0}{1\,000} \qquad (10\text{-}1)$$

照明计算举例见附录B。

## 10.4 均匀度计算

**10.4.1** 路面亮度总均匀度可按式（10.4.1）计算：

$$U_0 = \frac{L_{\min}}{L_{av}} \qquad (10.4.1)$$

式中：$U_0$——路面亮度总均匀度；

$L_{\min}$——计算区域内路面最小亮度（cd/m²）。

**10.4.2** 路面中线亮度纵向均匀度可按式（10.4.2）计算：

$$U_1 = \frac{L'_{\min}}{L'_{\max}} \qquad (10.4.2)$$

式中：$U_1$——路面中线亮度纵向均匀度；

$L'_{\min}$——路面中线最小亮度（cd/m²）；

$L'_{\max}$——路面中线最大亮度（cd/m²）。

# 11 照明控制设计原则

**11.0.1** 照明控制应结合洞外亮度、时间、交通量、设计速度、供电电压、天气条件、光源特性等设计运营方案。

**条文说明**

对照明设施进行有效控制，不仅可提高隧道运营安全水平，也能实现节能减排。

**11.0.2** 照明控制设计应实现正常和异常交通工况的控制功能。

**11.0.3** 照明控制设计宜采用智能控制或自动控制为主、手动控制为辅的控制方式。

**条文说明**

手动控制方式是隧道管理人员根据洞外亮度、交通量等参数，人工选择控制方案，手动控制的优先级最高。

自动控制方式是照明控制系统根据实时采集的洞外亮度、交通量等参数，自动调控照明亮度。隧道管理人员也可根据实际运营管理情况，由自动控制方式切换到手动控制方式，改为手动操作。自动控制方式优先级低于手动控制方式。

智能控制方式是在自动控制方式的基础上，采用短时交通流预测理论，实现隧道内照明设施动态调光控制，达到安全、舒适、高效、经济的照明效果，重点突出节能控制的特点，体现绿色照明要求，追求"按需照明"的理想设计目标。

**11.0.4** 隧道进行养护维修作业地点前后的照明灯具应开启到最大程度。

**11.0.5** 隧道内发生交通事故、火灾或进行交通管制时，隧道内所有照明灯具宜开启到最大程度。

# 附录 A 路面简化亮度系数

**A.0.1** 路面简化亮度系数 $r(\beta, \gamma)$ 按表 A.0.1-1 和表 A.0.1-2 取值。表 A.0.1-1 适用于水泥混凝土路面，表 A.0.1-2 适用于沥青路面。亮度计算示意如图 A.0.1 所示。

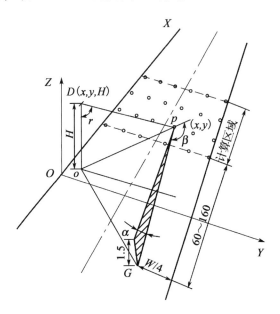

图 A.0.1 亮度计算示意图（尺寸单位：m）

表 A.0.1-1 水泥混凝土路面简化亮度系数 $r(\beta,\gamma)$

| tanγ | β(°) | | | | | | | | | | | | | | | | | | | |
|---|---|---|---|---|---|---|---|---|---|---|---|---|---|---|---|---|---|---|---|---|
| | 0 | 2 | 5 | 10 | 15 | 20 | 25 | 30 | 35 | 40 | 45 | 60 | 75 | 90 | 105 | 120 | 135 | 150 | 165 | 180 |
| 0 | 655 | 655 | 655 | 655 | 655 | 655 | 655 | 655 | 655 | 655 | 655 | 655 | 655 | 655 | 655 | 655 | 655 | 655 | 655 | 655 |
| 0.25 | 619 | 619 | 619 | 619 | 610 | 610 | 610 | 610 | 610 | 610 | 610 | 610 | 610 | 601 | 601 | 601 | 601 | 601 | 601 | 601 |
| 0.5 | 619 | 539 | 539 | 539 | 539 | 539 | 521 | 521 | 521 | 521 | 521 | 503 | 503 | 503 | 503 | 503 | 503 | 503 | 503 | 503 |
| 0.75 | 431 | 431 | 431 | 431 | 431 | 431 | 431 | 431 | 431 | 431 | 395 | 386 | 371 | 371 | 371 | 371 | 371 | 386 | 395 | 395 |
| 1 | 341 | 341 | 341 | 341 | 323 | 323 | 305 | 296 | 287 | 287 | 278 | 269 | 269 | 269 | 269 | 269 | 269 | 278 | 278 | 278 |
| 1.25 | 269 | 269 | 269 | 269 | 260 | 251 | 242 | 224 | 207 | 198 | 189 | 189 | 180 | 180 | 180 | 180 | 180 | 189 | 198 | 207 |
| 1.5 | 224 | 224 | 224 | 215 | 198 | 180 | 171 | 162 | 153 | 148 | 144 | 144 | 139 | 139 | 139 | 144 | 148 | 153 | 162 | 180 |
| 1.75 | 189 | 189 | 189 | 171 | 153 | 139 | 130 | 121 | 117 | 112 | 108 | 108 | 99 | 103 | 103 | 108 | 112 | 121 | 130 | 139 |
| 2 | 161 | 162 | 157 | 135 | 117 | 108 | 99 | 94 | 90 | 85 | 85 | 103 | 84 | 84 | 86 | 90 | 94 | 99 | 103 | 111 |
| 2.5 | 121 | 121 | 117 | 95 | 79 | 66 | 60 | 57 | 54 | 52 | 51 | 50 | 51 | 52 | 54 | 58 | 61 | 65 | 69 | 75 |
| 3 | 94 | 94 | 86 | 66 | 49 | 41 | 38 | 36 | 34 | 33 | 32 | 31 | 31 | 33 | 35 | 38 | 40 | 43 | 47 | 51 |
| 3.5 | 81 | 80 | 66 | 46 | 33 | 28 | 25 | 23 | 22 | 22 | 21 | 21 | 22 | 22 | 24 | 27 | 29 | 31 | 34 | 38 |
| 4 | 71 | 69 | 55 | 32 | 28 | 20 | 18 | 16 | 15 | 14 | 14 | 14 | 15 | 17 | 19 | 20 | 22 | 23 | 25 | 27 |
| 4.5 | 63 | 59 | 43 | 24 | 17 | 14 | 13 | 12 | 12 | 11 | 11 | 11 | 12 | 13 | 14 | 14 | 16 | 17 | 19 | 21 |
| 5 | 57 | 52 | 36 | 19 | 14 | 12 | 10 | 9.0 | 9.0 | 8.8 | 8.7 | 8.7 | 9.0 | 10 | 11 | 13 | 14 | 15 | 16 | 16 |
| 5.5 | 51 | 47 | 31 | 15 | 11 | 9.0 | 8.1 | 7.8 | 7.7 | 7.7 | 6 | | | | | | | | | |
| 6 | 47 | 42 | 25 | 12 | 8.5 | 7.2 | 6.5 | 6.3 | 6.2 | | | | | | | | | | | |
| 6.5 | 43 | 38 | 22 | 10 | 6.7 | 5.8 | 5.2 | 5.0 | | | | | | | | | | | | |
| 7 | 40 | 34 | 18 | 8.1 | 5.6 | 4.8 | 4.4 | 4.2 | | | | | | | | | | | | |
| 7.5 | 37 | 31 | 15 | 6.9 | 4.7 | 4.0 | 3.8 | | | | | | | | | | | | | |
| 8 | 35 | 28 | 14 | 5.7 | 4.0 | 3.6 | 3.2 | | | | | | | | | | | | | |
| 8.5 | 33 | 25 | 12 | 4.8 | 3.6 | 3.1 | 2.9 | | | | | | | | | | | | | |
| 9 | 31 | 23 | 10 | 4.1 | 3.2 | 2.8 | | | | | | | | | | | | | | |
| 9.5 | 30 | 22 | 9.0 | 3.7 | 2.8 | 2.5 | | | | | | | | | | | | | | |
| 10 | 29 | 20 | 8.2 | 3.2 | 2.4 | 2.2 | | | | | | | | | | | | | | |
| 10.5 | 28 | 18 | 7.3 | 3.0 | 2.2 | 1.9 | | | | | | | | | | | | | | |
| 11 | 27 | 16 | 6.6 | 2.7 | 1.9 | 1.7 | | | | | | | | | | | | | | |
| 11.5 | 26 | 15 | 6.1 | 2.4 | 1.7 | | | | | | | | | | | | | | | |
| 12 | 25 | 14 | 5.5 | 2.2 | 1.6 | | | | | | | | | | | | | | | |

注：水泥混凝土路面平均亮度系数 $Q_0=0.10$，表中 $r$ 值已扩大 1 000 倍，实际使用时应乘以 $10^{-3}$。

表 A.0.1-2　沥青路面简化亮度系数 $r(\beta,\gamma)$

| tanγ | β(°) | | | | | | | | | | | | | | | | | | |
|---|---|---|---|---|---|---|---|---|---|---|---|---|---|---|---|---|---|---|---|
| | 0 | 2 | 5 | 10 | 15 | 20 | 25 | 30 | 35 | 40 | 45 | 60 | 75 | 90 | 105 | 120 | 135 | 150 | 165 | 180 |
| 0 | 329 | 329 | 329 | 329 | 329 | 329 | 329 | 329 | 329 | 329 | 329 | 329 | 329 | 329 | 329 | 329 | 329 | 329 | 329 | 329 |
| 0.25 | 362 | 358 | 371 | 364 | 371 | 369 | 362 | 357 | 351 | 349 | 348 | 340 | 328 | 312 | 299 | 294 | 298 | 288 | 292 | 281 |
| 0.5 | 379 | 368 | 375 | 373 | 367 | 359 | 350 | 340 | 328 | 317 | 306 | 280 | 266 | 249 | 237 | 237 | 231 | 231 | 227 | 235 |
| 0.75 | 380 | 375 | 378 | 365 | 351 | 334 | 315 | 295 | 275 | 256 | 239 | 218 | 198 | 178 | 175 | 176 | 176 | 169 | 175 | 176 |
| 1 | 372 | 375 | 372 | 354 | 315 | 277 | 243 | 221 | 205 | 192 | 181 | 152 | 134 | 130 | 125 | 124 | 125 | 129 | 128 | 128 |
| 1.25 | 375 | 373 | 352 | 318 | 265 | 221 | 189 | 166 | 150 | 136 | 125 | 107 | 91 | 93 | 91 | 91 | 88 | 94 | 97 | 97 |
| 1.5 | 354 | 352 | 336 | 271 | 213 | 170 | 140 | 121 | 109 | 97 | 87 | 76 | 67 | 65 | 66 | 66 | 67 | 68 | 71 | 71 |
| 1.75 | 333 | 327 | 302 | 222 | 166 | 129 | 104 | 90 | 75 | 68 | 63 | 53 | 51 | 49 | 49 | 47 | 52 | 51 | 53 | 54 |
| 2 | 318 | 310 | 266 | 180 | 121 | 90 | 75 | 62 | 54 | 50 | 48 | 40 | 40 | 38 | 38 | 38 | 41 | 41 | 43 | 45 |
| 2.5 | 268 | 262 | 205 | 119 | 72 | 50 | 41 | 36 | 33 | 29 | 26 | 25 | 23 | 24 | 25 | 24 | 26 | 27 | 29 | 28 |
| 3 | 227 | 217 | 147 | 74 | 42 | 29 | 25 | 23 | 21 | 19 | 18 | 16 | 16 | 17 | 18 | 17 | 19 | 21 | 21 | 23 |
| 3.5 | 194 | 168 | 106 | 47 | 30 | 22 | 17 | 14 | 13 | 12 | 12 | 10 | 10 | 11 | 12 | 13 | 15 | 14 | 15 | 14 |
| 4 | 168 | 136 | 76 | 34 | 19 | 14 | 13 | 11 | 10 | 10 | 10 | 8 | 8 | 9 | 10 | 9 | 11 | 12 | 11 | 13 |
| 4.5 | 141 | 111 | 54 | 21 | 14 | 11 | 9 | 8 | 8 | 8 | 8 | 7 | 7 | 8 | 8 | 8 | 8 | 10 | 10 | 11 |
| 5 | 126 | 90 | 43 | 17 | 10 | 8 | 8 | 7 | 6 | 6 | 7 | 6 | 7 | 6 | 6 | 7 | 8 | 8 | 8 | 9 |
| 5.5 | 107 | 79 | 32 | 12 | 8 | 7 | 7 | 7 | 6 | 5 | | | | | | | | | | |
| 6 | 94 | 65 | 26 | 10 | 7 | 6 | 6 | 6 | 6 | | | | | | | | | | | |
| 6.5 | 86 | 56 | 21 | 8 | 7 | 5 | 5 | 5 | | | | | | | | | | | | |
| 7 | 78 | 50 | 17 | 7 | 7 | 5 | 5 | 5 | | | | | | | | | | | | |
| 7.5 | 7 | 41 | 14 | 7 | 4 | 3 | 4 | | | | | | | | | | | | | |
| 8 | 63 | 37 | 11 | 5 | 4 | 4 | 4 | | | | | | | | | | | | | |
| 8.5 | 60 | 37 | 10 | 5 | 4 | 4 | 4 | | | | | | | | | | | | | |
| 9 | 56 | 32 | 9 | 4 | 4 | 3 | | | | | | | | | | | | | | |
| 9.5 | 53 | 28 | 9 | 5 | 4 | 4 | | | | | | | | | | | | | | |
| 10 | 52 | 27 | 7 | 4 | 4 | 3 | | | | | | | | | | | | | | |
| 10.5 | 45 | 23 | 7 | 3 | 3 | 3 | | | | | | | | | | | | | | |
| 11 | 43 | 22 | 7 | 3 | 3 | 3 | | | | | | | | | | | | | | |
| 11.5 | 44 | 22 | 7 | 3 | 3 | | | | | | | | | | | | | | | |
| 12 | 42 | 20 | 7 | 4 | 3 | | | | | | | | | | | | | | | |

注：沥青路面平均亮度系数 $Q_0 = 0.07$，表中 $r$ 值已扩大 1 000 倍，实际使用时应乘以 $10^{-3}$。

# 附录 B  照明计算举例*

各照明计算简例共用条件：

| | |
|---|---|
| 隧道路面宽度 | $W=10.8\text{m}$ |
| 断面高度 | $h=7.8\text{m}$ |
| 照明设计采用的设计速度 | $v_t=80\text{km/h}$ |
| 设计小时交通量 | $N=750\text{veh}/(\text{h}\cdot\text{ln})$ |
| 隧道路面 | 水泥混凝土路面 |
| 洞外亮度（假设为亮环境） | $L_{20}(S)=3\,000\text{cd}/\text{m}^2$ |
| 交通特性 | 单向交通 |
| 平均亮度与平均照度间的系数 | $10\text{lx}/(\text{cd}\cdot\text{m}^{-2})$ |

采用高压钠灯，算例所采用光源额定光通量见表 B-1。

**表 B-1  灯具额定光通量取值参考表**

| 灯具功率（W） | 灯具额定光通量（lm） | 灯具功率（W） | 灯具额定光通量（lm） |
|---|---|---|---|
| 400 | 48 000 | 100 | 9 000 |
| 250 | 28 000 | 70 | 6 000 |
| 150 | 16 000 | | |

**简例 B-1  300m 以下非光学长隧道**

（1）计算条件

隧道长度：$L=280\text{m}$

（2）路面亮度取值

由表 6.1.1 可得，中间段亮度 $L_{in}=2.5\text{cd}/\text{m}^2$；本设计中间段选用逆光型照明灯具，根据本细则第 9.2.3 条的规定，中间段亮度 $L_{in}=2.0\text{cd}/\text{m}^2$。

根据本细则第 4.1.1、4.1.3 条的相关规定：

入口段 $TH_1$ 亮度　　　　　　　　$L_{th1}=21\text{cd}/\text{m}^2$

入口段 $TH_2$ 亮度　　　　　　　　$L_{th2}=10.5\text{cd}/\text{m}^2$

根据本细则第 5.0.2、7.0.2 条的相关规定，本隧道不设置过渡段加强照明和出

---

*附录 B 算例中涉及灯具产品的计算参数，如利用系数、灯具额定光通量、灯具配光等均为某厂家灯具参数，设计时根据设计所选用的产品样本据实确定。

口段加强照明。

（3）隧道照明系统设置

本算例采用灯具利用系数法进行照明系统计算，照明系统设置见表B-2。

表B-2 隧道照明系统设置（单洞）

| 项　目 | 长度（m） | 灯具型号 | 布置方式 | 单侧灯具间距（m） | 路面亮度（cd/m²） | 数量（盏） | 功率（kW） |
|---|---|---|---|---|---|---|---|
| 入口段$TH_1$加强照明$L_{th1}$ | 40 | 160W高压钠灯 | 中线侧偏单光带 | 2.5 | 21.0 | 17 | 2.55 |
| 入口段$TH_2$加强照明$L_{th2}$ | 40 | 160W高压钠灯 | 中线侧偏单光带 | 5.0 | 10.5 | 8 | 1.2 |
| 中间段$L_{in}$ | 180 | 100W高压钠灯 | 中线侧偏单光带 | 10 | 2.0 | 28 | 2.8 |

简例B-2　长度300m<L≤500m的光学长隧道

（1）计算条件

隧道长度：$L=310m$

（2）路面亮度计算

①中间段亮度

由表6.1.1可得$L_{in}=2.5cd/m^2$；本设计中间段选用逆光型照明灯具，根据本细则第9.2.3条的规定，中间段亮度$L_{in}=2.0cd/m^2$。

②入口段亮度

$L_{th1}=k\times L_{20}(S)=0.026\times 3\,000=78.0cd/m^2$

$L_{th2}=0.5\times k\times L_{20}(S)=0.5\times 0.026\times 3\,000=39.0cd/m^2$

③过渡段亮度

$L_{tr1}=0.15\times L_{th1}=0.15\times 78.0=11.7cd/m^2$

④出口段亮度

$L_{ex1}=3\times L_{in}=3\times 2.5=7.5cd/m^2$

$L_{ex2}=5\times L_{in}=5\times 2.5=12.5cd/m^2$

（3）隧道照明系统设置

本算例采用灯具利用系数法进行照明系统计算，照明系统设置见表B-3。

表B-3 隧道照明系统设置（单洞）

| 项　目 | 长度（m） | 灯具型号 | 布置方式 | 单侧灯具间距（m） | 路面亮度（cd/m²） | 数量（盏） | 功率（kW） |
|---|---|---|---|---|---|---|---|
| 入口段$TH_1$加强照明$L_{th1}$ | 42 | 400W高压钠灯 | 两侧对称布置 | 4.2 | 78.0 | 22 | 8.8 |
| 入口段$TH_2$加强照明$L_{th2}$ | 40 | 250W高压钠灯 | 两侧对称布置 | 5.0 | 39.0 | 16 | 4.0 |
| 过渡段$TR_1$加强照明$L_{tr1}$ | 70.2 | 100W高压钠灯 | 两侧对称布置 | 5.4 | 11.7 | 26 | 2.6 |
| 出口段$EX_1$加强照明$L_{ex1}$ | 32 | 100W高压钠灯 | 两侧对称布置 | 8.0 | 7.5 | 8 | 0.8 |
| 出口段$EX_2$加强照明$L_{ex2}$ | 30 | 100W高压钠灯 | 两侧对称布置 | 5.0 | 12.5 | 14 | 1.4 |
| 中间段$L_{in}$ | 75.8 | 100W高压钠灯 | 中线侧偏单光带 | 10.0 | 2.0 | 31 | 3.1 |

## 简例 B-3 长隧道照明系统设置

（1）计算条件

隧道长度：$L = 2\,500\text{m}$

（2）路面亮度计算

①中间段亮度

由表 6.1.1 可得 $L_{in} = 2.5\text{cd/m}^2$。

②入口段亮度

$L_{th1} = k \times L_{20}(S) = 0.026 \times 3\,000 = 78.0\text{cd/m}^2$

$L_{th2} = 0.5 \times k \times L_{20}(S) = 0.5 \times 0.026 \times 3\,000 = 39.0\text{cd/m}^2$

③过渡段亮度

$L_{tr1} = 0.15 \times L_{th1} = 0.15 \times 78.0 = 11.7\text{cd/m}^2$

$L_{tr2} = 0.05 \times L_{th1} = 0.05 \times 78.0 = 3.9\text{cd/m}^2$

$L_{tr3} = 0.02 \times L_{th1} = 0.02 \times 78.0 = 1.56\text{cd/m}^2 < 2.5 \times 2 = 5.0\text{cd/m}^2$，可不设置过渡段 $TR_3$ 加强照明。

④出口段亮度

$L_{ex1} = 3 \times L_{in} = 3 \times 2.5 = 7.5\text{cd/m}^2$

$L_{ex2} = 5 \times L_{in} = 5 \times 2.5 = 12.5\text{cd/m}^2$

（3）隧道照明系统设置

本算例采用灯具利用系数法进行照明系统计算，照明系统设置见表 B-4。

**表 B-4　隧道照明系统设置（单洞）**

| 项　目 | 长度（m） | 灯具型号 | 布置方式 | 单侧灯具间距（m） | 路面亮度（cd/m²） | 数量（盏） | 功率（kW） |
|---|---|---|---|---|---|---|---|
| 入口段 $TH_1$ 加强照明 $L_{th1}$ | 42 | 400W 高压钠灯 | 两侧对称布置 | 4.2 | 78.0 | 22 | 8.8 |
| 入口段 $TH_2$ 加强照明 $L_{th2}$ | 40 | 250W 高压钠灯 | 两侧对称布置 | 5.0 | 39.0 | 16 | 4.0 |
| 过渡段 $TR_1$ 加强照明 $L_{tr1}$ | 70.2 | 100W 高压钠灯 | 两侧对称布置 | 5.4 | 11.7 | 26 | 2.6 |
| 过渡段 $TR_2$ 加强照明 $L_{tr2}$ | 96 | 100W 高压钠灯 | 两侧交错布置 | 16 | 3.9 | 12 | 1.2 |
| 出口段 $EX_1$ 加强照明 $L_{ex1}$ | 32 | 100W 高压钠灯 | 两侧对称布置 | 8.0 | 7.5 | 8 | 0.8 |
| 出口段 $EX_2$ 加强照明 $L_{ex2}$ | 30 | 100W 高压钠灯 | 两侧对称布置 | 5.0 | 12.5 | 14 | 1.4 |
| 中间段 $L_{in}$ | 2 137.8 | 100W 高压钠灯 | 中线侧偏单光带 | 8.0 | 2.5 | 311 | 31.1 |

# 本细则用词用语说明

1 本细则执行严格程度的用词，采用下列写法：

1）表示很严格，非这样做不可的用词，正面词采用"必须"，反面词采用"严禁"；

2）表示严格，在正常情况下均应这样做的用词，正面词采用"应"，反面词采用"不应"或"不得"；

3）表示允许稍有选择，在条件许可时首先应这样做的用词，正面词采用"宜"，反面词采用"不宜"；

4）表示有选择，在一定条件下可以这样做的用词，采用"可"。

2 引用标准的用语采用下列写法：

1）在标准总则中表述与相关标准的关系时，采用"除应符合本细则的规定外，尚应符合国家和行业现行有关标准的规定"。

2）在标准条文及其他规定中，当引用的标准为国家标准和行业标准时，表述为"应符合《××××××》（×××）的有关规定"。

3）当引用本标准中的其他规定时，表述为"应符合本细则第×章的有关规定"、"应符合本细则第×.×节的有关规定"、"应符合本细则第×.×.×条的有关规定"或"应按本细则第×.×.×条的有关规定执行"。

# 公路工程现行标准、规范、规程、指南一览表

| 序号 | 类别 | 编　号 | 书名(书号) | 定价(元) |
|---|---|---|---|---|
| 1 | 基础 | JTG A02—2013 | 公路工程行业标准制订管理导则(10544) | 15.00 |
| 2 | | JTG A04—2013 | 公路工程标准编写导则(10538) | 20.00 |
| 3 | | JTJ 002—87 | 公路工程名词术语(0346) | 22.00 |
| 4 | | JTJ 003—86 | 公路自然区划标准(0348) | 16.00 |
| 5 | | JTG B01—2014 | 公路工程技术标准(11814) | 98.00 |
| 6 | | JTG B02—2013 | 公路工程抗震规范(11120) | 45.00 |
| 7 | | JTG/T B02-01—2008 | 公路桥梁抗震设计细则(1228) | 35.00 |
| 8 | | JTG B03—2006 | 公路建设项目环境影响评价规范(0927) | 26.00 |
| 9 | | JTG B04—2010 | 公路环境保护设计规范(08473) | 28.00 |
| 10 | | JTG/T B05—2004 | 公路项目安全性评价指南(0784) | 18.00 |
| 11 | | JTG B05-01—2013 | 公路护栏安全性能评价标准(10992) | 30.00 |
| 12 | | JTG B06—2007 | 公路工程基本建设项目概算预算编制办法(06903) | 26.00 |
| 13 | | JTG/T B06-01—2007 | ★公路工程概算定额(06901) | 110.00 |
| 14 | | JTG/T B06-02—2007 | ★公路工程预算定额(06902) | 138.00 |
| 15 | | JTG/T B06-03—2007 | ★公路工程机械台班费用定额(06900) | 24.00 |
| 16 | | 交通部定额站2009版 | 公路工程施工定额(07864) | 78.00 |
| 17 | | JTG/T B07-01—2006 | 公路工程混凝土结构防腐蚀技术规范(0973) | 16.00 |
| 18 | | 交通部2007年第30号 | 国家高速公路网相关标志更换工作实施技术指南(1124) | 58.00 |
| 19 | | 交通部2007年第35号 | 收费公路联网收费技术要求(1126) | 62.00 |
| 20 | | JTG B10-01—2014 | 公路电子不停车收费联网运营和服务规范(11566) | 30.00 |
| 21 | | 交通运输部2011年 | 公路工程项目建设用地指标(09402) | 36.00 |
| 22 | 勘测 | JTG C10—2007 | ★公路勘测规范(06570) | 28.00 |
| 23 | | JTG/T C10—2007 | ★公路勘测细则(06572) | 42.00 |
| 24 | | JTG C20—2011 | 公路工程地质勘察规范(09507) | 65.00 |
| 25 | | JTG/T C21-01—2005 | 公路工程地质遥感勘察规范(0839) | 17.00 |
| 26 | | JTG/T C21-02—2014 | 公路工程卫星图像测绘技术规程(11540) | 25.00 |
| 27 | | JTG/T C22—2009 | 公路工程物探规程(1311) | 28.00 |
| 28 | | JTG C30—2002 | 公路工程水文勘测设计规范(0604) | 22.00 |
| 29 | 设计 | 公路 | JTG D20—2006 | ★公路路线设计规范(0996) | 38.00 |
| 30 | | | JTG/T D21—2014 | 公路立体交叉设计细则(11761) | 60.00 |
| 31 | | | JTG D30—2004 | 公路路基设计规范(05326) | 48.00 |
| 32 | | | JTG/T D31—2008 | 沙漠地区公路设计与施工指南(1206) | 32.00 |
| 33 | | | JTG/T D31-02—2013 | 公路软土地基路堤设计与施工技术细则(10449) | 40.00 |
| 34 | | | JTG/T D31-03—2011 | ★采空区公路设计与施工技术细则(09181) | 40.00 |
| 35 | | | JTG/T D31-04—2012 | 多年冻土地区公路设计与施工技术细则(10260) | 40.00 |
| 36 | | | JTG/T D32—2012 | 公路土工合成材料应用技术规范(09908) | 42.00 |
| 37 | | | JTG D40—2011 | ★公路水泥混凝土路面设计规范(09463) | 40.00 |
| 38 | | | JTG D50—2006 | ★公路沥青路面设计规范(06248) | 36.00 |
| 39 | | | JTG/T D33—2012 | 公路排水设计规范(10337) | 40.00 |
| 40 | | 桥隧 | JTG D60—2004 | 公路桥涵设计通用规范(05068) | 24.00 |
| 41 | | | JTG/T D60-01—2004 | 公路桥梁抗风设计规范(0814) | 28.00 |
| 42 | | | JTG D61—2005 | 公路圬工桥涵设计规范(0887) | 19.00 |
| 43 | | | JTG D62—2004 | 公路钢筋混凝土及预应力混凝土桥涵设计规范(05052) | 48.00 |
| 44 | | | JTG D63—2007 | 公路桥涵地基与基础设计规范(06892) | 48.00 |
| 45 | | | JTJ 025—86 | 公路桥涵钢结构及木结构设计规范(0176) | 20.00 |
| 46 | | | JTG/T D65-01—2007 | 公路斜拉桥设计细则(1125) | 28.00 |
| 47 | | | JTG/T D65-04—2007 | 公路涵洞设计细则(06628) | 26.00 |
| 48 | | | JTG D70—2004 | 公路隧道设计规范(05180) | 50.00 |
| 49 | | | JTG/T D70—2010 | ★公路隧道设计细则(08478) | 66.00 |
| 50 | | | JTG D70/2—2014 | 公路隧道设计规范　第二册　交通工程与附属设施(11543) | 50.00 |
| 51 | | | JTG/T D70/2-01—2014 | 公路隧道照明设计细则(11541) | 35.00 |
| 52 | | | JTG/T D70/2-02—2014 | 公路隧道通风设计细则(11546) | 70.00 |
| 53 | | 交通工程 | JTG D80—2006 | 高速公路交通工程及沿线设施设计通用规范(0998) | 25.00 |
| 54 | | | JTG D81—2006 | ★公路交通安全设施设计规范(0977) | 25.00 |
| 55 | | | JTG/T D81—2006 | ★公路交通安全设施设计细则(0997) | 35.00 |
| 56 | | | JTG D82—2009 | 公路交通标志和标线设置规范(07947) | 116.00 |
| 57 | | 综合 | 交公路发〔2007〕358号 | 公路工程基本建设项目设计文件编制办法(06746) | 26.00 |
| 58 | | | 交公路发〔2007〕358号 | 公路工程基本建设项目设计文件图表示例(06770) | 600.00 |

续上表

| 序号 | 类别 | 编号 | 书名（书号） | 定价（元） |
|---|---|---|---|---|
| 59 | 检测 | JTG E20—2011 | 公路工程沥青及沥青混合料试验规程（09468） | 106.00 |
| 60 | | JTG E30—2005 | 公路工程水泥及水泥混凝土试验规程（0830） | 32.00 |
| 61 | | JTG E40—2007 | ★公路土工试验规程（06794） | 79.00 |
| 62 | | JTG E41—2005 | 公路工程岩石试验规程（0828） | 18.00 |
| 63 | | JTG E42—2005 | 公路工程集料试验规程（0829） | 30.00 |
| 64 | | JTG E50—2006 | ★公路工程土工合成材料试验规程（0982） | 28.00 |
| 65 | | JTG E51—2009 | 公路工程无机结合料稳定材料试验规程（08046） | 48.00 |
| 66 | | JTG E60—2008 | 公路路基路面现场测试规程（07296） | 38.00 |
| 67 | | JTG/T E61—2014 | 公路路面技术状况自动化检测规程（11830） | 25.00 |
| 68 | 施工 / 公路 | JTG F10—2006 | 公路路基施工技术规范（06221） | 40.00 |
| 69 | | JTJ 034—2000 | 公路路面基层施工技术规范（0431） | 20.00 |
| 70 | | JTG/T F30—2014 | 公路水泥混凝土路面施工技术细则（11244） | 60.00 |
| 71 | | JTG/T F31—2014 | 公路水泥混凝土路面再生利用技术细则（11360） | 30.00 |
| 72 | | JTJ 037.1—2000 | 公路水泥混凝土路面滑模施工技术规程（0425） | 16.00 |
| 73 | | JTG F40—2004 | 公路沥青路面施工技术规范（05328） | 38.00 |
| 74 | | JTG F41—2008 | 公路沥青路面再生技术规范（07105） | 25.00 |
| 75 | 施工 / 桥隧 | JTG/T F50—2011 | ★公路桥涵施工技术规范（09224） | 110.00 |
| 76 | | JTG/T F81-01—2004 | 公路工程基桩动测技术规程（0783） | 20.00 |
| 77 | | JTG F60—2009 | 公路隧道施工技术规范（07992） | 42.00 |
| 78 | | JTG/T F60—2009 | 公路隧道施工技术细则（07991） | 58.00 |
| 79 | 施工 / 交通 | JTG F71—2006 | ★公路交通安全设施施工技术规范（0976） | 20.00 |
| 80 | | JTG/T F72—2011 | 公路隧道交通工程与附属设施施工技术规范（09509） | 35.00 |
| 81 | 质检安全 | JTG F80/1—2004 | 公路工程质量检验评定标准 第一册 土建工程（05327） | 46.00 |
| 82 | | JTG F80/2—2004 | 公路工程质量检验评定标准 第二册 机电工程（05325） | 26.00 |
| 83 | | JTG G10—2006 | 公路工程施工监理规范（06267） | 20.00 |
| 84 | | JTJ 076—95 | 公路工程施工安全技术规程（0049） | 12.00 |
| 85 | 养护管理 | JTG H10—2009 | 公路养护技术规范（08071） | 49.00 |
| 86 | | JTJ 073.1—2001 | 公路水泥混凝土路面养护技术规范（0520） | 12.00 |
| 87 | | JTJ 073.2—2001 | 公路沥青路面养护技术规范（0551） | 13.00 |
| 88 | | JTG H11—2004 | 公路桥涵养护规范（05025） | 30.00 |
| 89 | | JTG H12—2003 | 公路隧道养护技术规范（0695） | 26.00 |
| 90 | | JTG H20—2007 | 公路技术状况评定标准（1140） | 15.00 |
| 91 | | JTG/T H21—2011 | ★公路桥梁技术状况评定标准（09324） | 46.00 |
| 92 | | JTG H30—2004 | 公路养护安全作业规程（05154） | 36.00 |
| 93 | | JTG H40—2002 | 公路养护工程预算编制导则（0641） | 9.00 |
| 94 | 加固设计与施工 | JTG/T J21—2011 | 公路桥梁承载能力检测评定规程（09480） | 20.00 |
| 95 | | JTG/T J22—2008 | 公路桥梁加固设计规范（07380） | 52.00 |
| 96 | | JTG/T J23—2008 | 公路桥梁加固施工技术规范（07378） | 30.00 |
| 97 | 造价 | JTG M20—2011 | 公路工程基本建设项目投资估算编制办法（09557） | 30.00 |
| 98 | | JTG/T M21—2011 | 公路工程估算指标（09531） | 110.00 |
| 1 | 技术指南 | 交公便字〔2006〕02号 | 公路工程水泥混凝土外加剂与掺合料应用技术指南（0925） | 50.00 |
| 2 | | 交公便字〔2006〕02号 | 公路工程抗冻设计与施工技术指南（0926） | 26.00 |
| 3 | | 厅公路字〔2006〕418号 | 公路安全保障工程实施技术指南（1034） | 40.00 |
| 4 | | 交公便字〔2006〕274号 | 公路钢箱梁桥面铺装设计与施工技术指南（1008） | 25.00 |
| 5 | | 交公便字〔2009〕145号 | 公路交通标志和标线设置手册（07990） | 165.00 |

注：JTG——公路工程行业标准体系；JTG/T——公路工程行业推荐性标准体系；JTJ——仍在执行的公路工程原行业标准体系。

批发业务电话：010-59757973；零售业务电话：010-85285659（北京）；网上书店电话：010-59757908；业务咨询电话：010-85285922。带"★"的表示有勘误，详见 www.ccpress.com.cn 人民交通出版社网站首页。